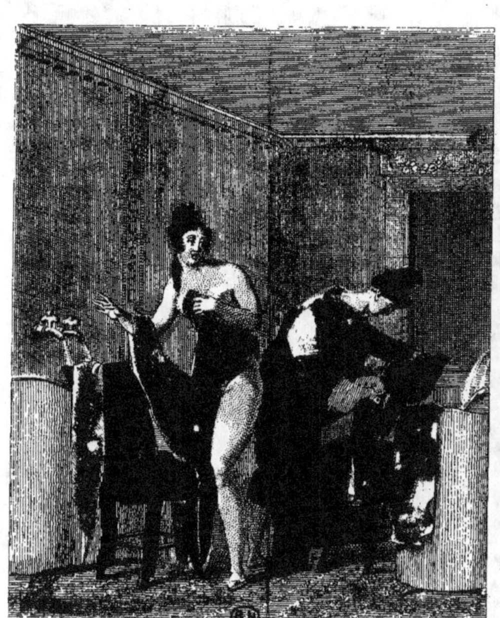

Le caleçon tombe, et l'homme reste !.....

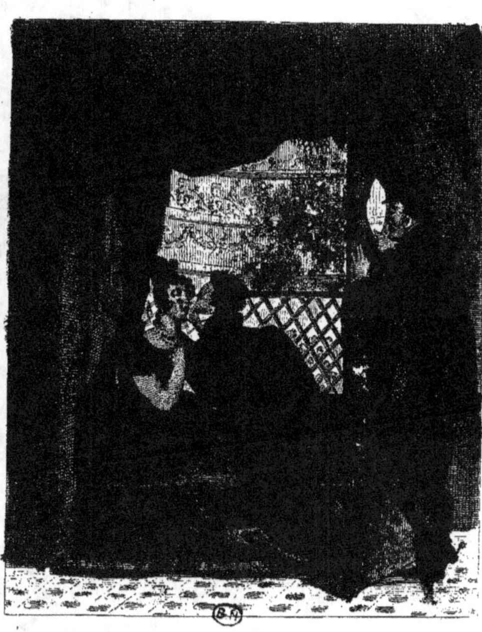

À la scène d'exposition on pouvait prévoir le dénouement.....

Le caleçon tombe, et l'nouement....

LA GALANTERIE

SOUS

LA SAUVE-GARDE DES LOIS;

PAR P. CUISIN,

AUTEUR DU N° 113 OU LES CATASTROPHES
DU JEU.

« . . . . »
« La Pamoison, l'œil au ciel égaré,
» La jeune Audace et la langueur mourante,
» Le Rapt vainqueur, l'Attentat libertin,
» Tel est le cortége du petit dieu mutin. »

PARIS,

CHEZ TOUS LES MARCHANDS DE NOUVEAUTÉS.

1815.

TABLE.

FIN DE LA TABLE.

DESCRIPTION

APOLOGÉTIQUE

DU PREMIER SÉRAIL

DE LA CAPITALE,

NUMÉROTÉ 113.

S ERA-T-IL absolument nécessaire de déclarer ici hautement, pour satis-faire d'avance au jugement de l'*inexorable histoire*, et particulièrement contenter les partisans du système d'Epicure, sans omettre les inspec-teurs des maisons galantes, harems

*

et sérails de la capitale, qui liront CES PRÉSENTES, qu'un témoin oculaire et auriculaire des plus petits détails de l'administration des *menus plaisirs* de la maison de commerce sous la *raison* de madame L***, s'impose ici le devoir de faire une description impartiale et véridique du numéro 113 ?...... de ce numéro si célèbre dans les fastes de la galanterie !..... que ce témoin de tant de belles choses qui tiennent comme de la fable et de l'enchantement, c'est moi-même enfin qui, par un concours de circonstances qui seront expliquées plus loin, me trouve en quelque sorte placé dans l'obligation de composer cette petite œuvre apologétique ?

Ce sera donc vivre dix ans parmi les NYMPHES et ODALISQUES de ce beau sérail, que de lire attentivement ce mémoire justificatif que j'ai rédigé en faveur de madame L***, pour la défendre, *à la face de l'univers*, des imputations, des fables calomnieuses que l'on débite dans le public contre l'*honneur* de sa maison.....

Dans cet établissement si précieux pour la jeunesse, si avantageux pour les dames, je me fais fort de faire toucher tout au doigt, non par la narration mensongère et romanesque d'un écouteur aux portes qui se plaît dans ses récits infidèles à forger, sous les yeux de ses lecteurs bénévoles, des portraits, des descriptions, des scènes et des dialogues entièrement au gré de son imagination vagabonde, et tel qu'un folliculaire imposteur qui décrit des conversations entre deux MAJESTÉS, tandis qu'il n'a pas les plus

petites liaisons avec le dernier mar-
miton de leurs palais, a l'audace d'ap-
poser le cachet du sceau de la vérité
sur un tissu de mensonges apocry-
phes; non, je le répète, je garantis ce
que j'écris, et donne ce livre *important* au public comme le double fruit
de la sincérité et de l'examen le plus
scrupuleux.

J'entends déjà crier au scandale;
encore une production obscène ! dit
ce faux bigot dont la pudeur consiste
dans les mots et non dans les choses...
—Encore un ouvrage dangereux aux
bonnes mœurs ! s'écrie ce libertin mal
converti qui, après avoir parcouru
pendant trente ans de sa vie la car-
rière des dissolutions et du liberti-
nage, commence à s'amender par im-
puissance et par épuisement, et parle
de sa sagesse tardive d'une bouche

corrompue et encore flétrie des cicatrices de la débauche......

« Point d'œuvres lestes et galantes; il faut en faire une prohibition complète, dit d'un ton capable et comédien cet homme d'état, ce législateur de fraîche date qui, dans des liaisons adultères, entretient fastueusement à la chaussée d'Antin une piquante concubine; ce légiste d'*hier* oublie que, lors des premiers orages de la révolution, piteusement huché dans une mansarde, sa famélique verve ne vivait que de rapsodies érotiques; mais à force de concussions, de bassesses et de palinodies, descendu au salon il retrouvé, au sein d'un brigandage *élevé* et *savant*, de la pudeur et des mœurs; enfin, Ariste le parvenu, que je viens de mettre ici en scène, est pudibond par calcul, et s'est fait un masque d'honnête homme pour mieux nous duper......

Laissons ces hypocrites, ces faux censeurs atrabilaires ; il faut les rejeter dans cette classe d'êtres équivoques

« Qui n'ont jamais connu que l'art infructueux
» De peindre la vertu sans être vertueux. »

Ne nous interdisons pas, effrayés d'avance du bruit de leurs chastes rumeurs, une débauche d'esprit, une pure folie à laquelle notre imagination seule, et non nos principes, a donné naissance ; notre intention est de distraire, est d'amuser, et non de corrompre et de blesser la pudeur de nos chers lecteurs, et nous sommes bien persuadés déjà que cette bagatelle, LA GALANTERIE SO S LA SAUVE-GARDE DES LOIS, ne porte avec elle aucune espèce de danger : non pas

que nous nous flattions , au moyen de
cette petite apologie, de pouvoir
éviter, moi auteur, ainsi que mon
éditeur, d'être assaillis d'un déluge
de réflexions saugrenues de la part
de cette foule d'énergumènes qui vont
s'appliquer à trouver dans mon stile
ainsi qu'au fond et aux formes de cette
bluette légère, une physionomie gra-
vuleuse, et vendant leur courroux et
leur pâleur blessée 6 francs la feuille
au libraire, et 3 francs l'article aux
gazetiers, ne manqueront pas, peut-
être encore, dans une brochure in-8°,
de nous prêcher morale pour pouvoir
payer leur hôtel garni.... Mais dédai-
gnant leurs clameurs, laissons-les
seuls s'escrimer; revenons à notre
affaire, et décrivons avec impartialité
un *magasin de galanteries*, dont de

nombreuses et absurdes relations ont défiguré l'état actuel.

Sans cependant m'établir ici l'avocat des mauvaises mœurs et des mauvais lieux, je vais céder , par un sentiment de justice, à la nécessité dans laquelle je me suis en quelque sorte mis, de donner une idée exacte *ou fabuleuse, comme on voudra* , d'un des mieux composés et des plus brillans sérails du palais Royal , et peut-être de l'Europe. On ne trouvera peut-être pas indifférent d'apprendre par quel concours de circonstances je suis appelé à devenir le *Petit Salluste* de cette histoire ; il est facile d'en faire part à nos lecteurs.

J'étais chez moi, assis à mon bureau , et parcourant par hasard une de mes brochures intitulée LES NYM-

PRÈS DU PALAIS ROYAL, je me repro-
chais intérieurement, sous bien des
rapports, l'excès de sévérité hors de
propos, que j'avais déployée dans
une pareille matière, et je me disais
en souriant : « Ces pauvres nymphes
» doivent bien m'en vouloir de les
» traiter de la sorte ; je crois, me dis-
» je, que j'agirai prudemment en ne
» passant pas devant elles, surtout
» vis-à-vis celles du n° 113. »

Je faisais ces repentantes réflexions,
lorsque mon domestique m'annonça
qu'une grosse dame désirait me parler.... « Faites entrer.... — Je recon-
nais aussitôt madame L***, la direc-
trice de ce n° 113, si célèbre dans le
monde galant.... — » Ah ! mon dieu,
» m'écriai-je à part moi, comment
» vais-je me tirer de ce pas ?... C'est
» mon maudit CRI DE LA PUDEUR, c'est

» ma diatribe sur les NYMPHES DU
» PALAIS ROYAL qui me vaut cette pé-
» rilleuse visite.... » Je m'empressai
aussitôt de jeter de côté la brochure
fulminante, et demandai à cette dame
le motif qui me procurait l'avantage
de la voir. — Vous êtes monsieur C***,
me dit-elle, et conséquemment l'auteur des NYMPHES DU PALAIS ROYAL? —
Madame, il est vrai; dans un moment
d'oisiveté, je me suis plu à jeter quelques idées sans prétentions.... —
Fort bien, monsieur, répartit madame L***; il ne m'appartient pas de
m'établir votre juge ici, vos opinions
sont tout-à-fait libres, et malgré que
je pourrais me plaindre avec quelque
droit...., à vous-même peut-être, de
la manière cavalière et souvent inju-
rieuse dont je suis traitée dans cer-
taines brochures par des auteurs sans

nom, et qui ne me connaissent pas
plus que ma maison.... — Mais, ré-
partis-je (j'allais l'interrompre pour
m'expliquer) — Laissez-moi continuer, je vous prie, monsieur C***, je ne
veux point récriminer, et malgré que
je pourrais me formaliser vis-à-vis
de vous-même, au moins d'un manque
de politesse envers une étrangère qui
ne vous fit jamais aucun tort : que
pensez-vous, poursuivit-elle, de ces
dégoûtantes parodies qui nous offrent
au public sous la figure de caricatures
obscènes, et nous associent, d'un
style ordurier, aux saletés de leurs
lâches calomnies, de leurs viles com-
positions sans talent, comme sans
acheteurs??.... Sans doute l'homme
sensé, l'homme d'esprit, continua
madame L***, du ton d'un doux em-
portement, méprise ces pamphlets

licencieux , et les JEUNES BEAUTÉS que
je tiens chez moi (c'est l'expression
dont elle se servit) n'en perdent pas
le plus petit degré d'attrait; leur mérite personnel ne tient pas à la louange
ou aux mépris de ces productions
éphémères et invraisemblables.....
Cependant je ne puis, malgré tout le
peu de cas que j'en fais , je ne puis,
monsieur C***, vous dissimuler mon
déplaisir, mon ennui, mon chagrin
même de nous trouver toujours choisies pour le centre commode et les
héroïnes bénévoles de toutes les
obscénités qui empoisonnent la li-
brairie des baraques de bois du palais
Royal et des étalagistes des boule-
varts ; je souffre , je l'avoue , de nous
voir toujours mises en scène par la
lie des écumeurs de la littérature , et
de fournir *du pain* pour quelques

jours à des auteurs mendians qui
vivent et spéculent sur la célébrité
des femmes de ma maison et clouent
les portraits de mes NYMPHES sur la
première rapsodie que la faim fait
sortir de leur cerveau : je vous l'ai
déjà déclaré, monsieur C***, je ne
vous enveloppe pas dans mes ressentimens ; le mal que vous avez dit de
nous, vous l'avez du moins raisonné
et exprimé d'un ton décent et mo-
déré, et malgré qu'il faut que je con-
vienne ici que vous avez annoncé une
grande connaissance des femmes galantes en général, permettez-moi cependant de vous dire que vous avez par-
lé du n° 113 particulièrement, en sou-
verain qui ne connaît l'esprit de ses
peuples que par l'organe de ses mi-
nistres, c'est-à-dire fort imparfaite-
ment..... »

Je cherchai de nouveau à me jus-
tifier vis-à-vis de madame L***; elle
m'interrompit encore aussitôt. Tenez,
me dit-elle, vous me paraissez un galant homme. laissons donc tous ces
discours inutiles, et venez passer huit
à quinze jours chez moi, vous n'y
aurez d'autre qualité que celle d'observateur, je vous donne carte blan-
che; votre à-plomb ne me répond-il
pas d'avance de votre chasteté ?....
Gardez-vous bien toutefois de ter-
miner comme *le Philosophe marié*,
et de laisser échouer votre vertu
contre tant d'écueils voluptueux.....

J'hésitai, je réfléchis un moment,
pensif sur l'espèce de défi que madame L*** m'avait porté; mais elle
insista, et d'une manière aussi pres-
sante qu'enjouée : « Songez, me dit-
elle, qu'il ne s'agit pas ici de vous

donner un démenti grossier et formel
sur vos assertions et celles de tant
de sots publicistes qui, trop pauvres
de leurs productions éphémères et
inconnues, ne sont jamais venus chez
moi *cueillir des myrtes trop chers
pour eux;* mais, ajouta-t-elle, d'une
manière obligeante et flatteuse, tenant autant que je le fais, à la sagacité de vos observations, à la justesse
de vos remarques, je veux, si vous
permettez ici de m'exprimer impéra-
tivement, que vous connaissiez de
point en point ma maison; j'y don-
nerai mes ordres absolus, et vous y
verrez d'abord que la plus grande dis-
cipline, le plus grand ordre y rè-
gnent: un appartement, un boudoir,
une alcove, une salle de bain seront-
ils fermés ?..... un cabinet de toilette,
un *atelier de voluptés,* quelque scène

mystérieuse de plaisir enfin seront-ils soustraits à votre vue ?.... Avec *le mot du guet* dont j'aurai soin de vous munir, tout s'ouvrira devant vous comme par l'effet d'un magique enchantement; enfin vous serez, monsieur C***, au sérail de la galerie, appelé vulgairement le n° 113, *EL PUNTO CADI* du Calife de Bagdad, et devant un mot à peu près semblable et aussi puissant, tout obéira, tout fléchira devant vous..... Voilà cependant la maison, poursuivit-elle, que beaucoup de plumes indiscrètes ont chamarrée de ridicules, et qui pour première qualité présente au public, *sous la sauve-garde des lois*, un ensemble parfait d'ordre et de bonne harmonie !.... »

Je vis bien, après cette longue et chaude apologie de la part de madame L***, qu'il serait inutile de me défendre davantage, et autant excité par l'aiguillon d'une vive et secrète curiosité, que par l'impossibilité de me soustraire aux offres pressantes de madame L***, je me déterminai à partir avec elle dans la voiture qu'elle avait amenée. Muni d'un peu d'or que je pris sur moi, je me résignai à m'embarquer dans un avenir d'aventures qui ne me permettaient nullement alors d'en prévoir la nature et l'issue : pouvais-je refuser à madame L*** cette espèce de réparation de mes déclamations satiriques ?....

Je passai quinze jours dans cette maison, traité d'une manière tout à fait généreuse et galante, et même fastueuse ; chaque matin je rédigeai *la quotidienne* de tout ce qui s'était passé sous mes yeux dans les vingt-quatre heures précédentes : j'étais d'abord décidé, lorsque je mettrais au jour ces bulletins journaliers des ARCHIVES DE LA GALANTERIE, de les intituler, à l'instar de tant d'illustres personnages accusés, « MÉMOIRES JUSTIFICATIFS DE MADAME L***..., mais elle-même s'y opposa; et, après bien des débats, nous arrêtâmes le titre que porte ce précis historique des quinze jours et quinze nuits de mon règne au n° 113, où moi-même je m'y trouvai *placé sous la garde des lois.* »

Nos plaisirs et nos spéculations sont licites, reprit madame L***, chemin faisant, on ne peut conséquemment pas me blâmer de ce que je justifie ici le plus beau sérail de la capitale, surtout sous le rapport des invectives dont nous sommes accablées. — Rien n'est plus juste, madame, lui répondis-je, et ne prêtez - vous pas déjà assez le flanc aux critiques des mauvais plaisans, sans que l'insulte, l'injure et les imprécations viennent vous troubler sans cesse dans *vos augustes fonctions* et jeter de la défaveur sur un des monumens les plus aimables de l'utilité publique?.... le légiste ne vous protège-t-il pas ainsi que le manteau commode de la police, l'art de vos chirurgiens et le toit hospitalier de votre hôtel des invalides??..... ne rapportez-vous pas au gouvernement un produit immense, fruit des veilles de la beauté et de la jeunesse?..... et les institutions les plus nobles ne prennent-elles pas des alimens dans vos propres ressources?.... on ne peut nier ces vérités; à quoi servent donc toutes ces déclamations puériles dirigées contre vous?.....

Vous l'avez fort bien dit dans un de vos ouvrages, interrompit madame L*** en m'applaudissant à cet égard ; ce monde est une statue composée des métaux les plus précieux, comme les plus vils ; la brisera-t-on cette statue, parce qu'elle ne présente pas sur toute sa surface des diamans, des saphirs, des émeraudes !.... Non, il faut souffrir les choses telles qu'elles sont et ne point nous ériger en réformateurs terribles..... Je pris cette allusion pour moi, mais ma conductrice me protesta qu'elle n'avait voulu parler ici qu'en général ; je convins avec elle que ses sophismes avaient quelque force de ce côté, tout spécieux qu'ils étaient d'ailleurs !

J'avais pris la précaution d'instruire mon domestique que je partais, lui avais-je dit, pour la campagne, en lui recommandant de prendre soin de tout dans mon absence; je m'étais également réservé la facilité d'envoyer chez moi chercher du linge et des habits; précaution dont j'aurais pu cependant me passer, car ma complaisante introductrice avait dans son vestiaire des habits des deux sexes et était en état d'habiller même des princes sous certains déguisemens nécessaires, me dit-elle, à ceux qui veulent se dérober aux regards du public ou d'une épouse légitime, importune et jalouse.

Ici j'admirai la prévoyance judicieuse et spirituelle de cette institutrice qui alliait tant de prudence à tant de sagacité. Il est nécessaire, pour l'intelligence du lecteur, que je fasse ici remonter mes récits au point de départ que ces légères digressions et ces petits écarts de style ont un instant éloigné de ses yeux.

Arrivés rue du Lycée, derrière le n° 113, de la galerie de droite du palais Royal, nous descendîmes de voiture, et madame L*** me prenant par la main, d'une manière affectueuse, dès l'entrée de l'escalier; venez, mon cher stérographe, me dit-elle, venez écrire l'histoire même du plaisir *en petit comité;* venez nous faire passer à la *postérité la plus reculée* avec vos galans écrits..... je vais de suite vous conduire dans l'appartement que je vous destine; soins, égards, respect, attentions, tout vous y sera prodigué, et j'ordonnerai même qu'on se garde bien de vous parler d'amour ou de galanterie; je ne veux pas que vous puissiez un jour me faire des reproches sur les atteintes qu'aurait reçues votre vertu : vous ne devez d'ailleurs avoir ici d'autre rôle que celui de *l'homme sans passions*, de l'historien ; enfin, votre ouvrage, votre unique but est de venger la beauté, la jeunesse et même une certaine partie de la bonne bourgeoisie de Paris, souvent associée à nos travaux, des outrages qu'elles reçoivent souvent : faites donc éclater la vérité qui, loin d'être redoutable pour nous, ne peut au contraire que jeter le jour le plus favorable sur *ce vrai temple de la Volupté et ses dignes prêtresses.....*

Madame, j'ai consenti, lui répondis-je, ainsi vous pouvez attendre de ma plume autant de fidélité que d'exactitude. Nous avons déjà flotté, m'observa-t-elle, sur le titre que nous donnerions à vos rapports ; il faut cependant opter....Nous en agitâmes ensem-

ble encore quelques-uns, nous rencon-
trant à cet égard avec des titres ou
déjà connus ou usés, car comme a dit
Solomon : *rien de nouveau sous le so-
leil ;.....* enfin nous nous arrêtâmes,
ou pour mieux dire, en ma qualité
d'historiographe des sultanes favo-
rites du n° 113, je décidai de suite
que j'intitulerais le recueil de tout ce
qui allait se passer sous mes yeux, du
nom de BULLETINS ANACRÉONTIQUES.
Ainsi, ouvrant aussitôt un petit registre in-18, de papier vélin, embau-
mé de parfums, chargé de vignettes
allégoriques représentant les espié-
gleries de l'amour, et relié en velour
lilas-tendre, dont madame L*** me
fit don, j'écrivis sur la première feuille, après y avoir déposé un baiser re-
ligieux :

LA GALANTERIE

SOUS

LA SAUVE-GARDE DES LOIS.

PREMIER BULLETIN ANACRÉONTIQUE DES PREMIÈRES VINGT-QUATRE HEURES PASSÉES AU NUMÉRO 113.

C'EST très-bien, me dit madame L***, on voit que vous êtes *roué*,..... je veux dire, dans ce genre d'ouvrages, vous êtes donc parfaitement notre fait pour nous venger ; et vos con

naissances en sténographie vous faci-
literont encore mieux qu'à qui que ce
soit, le moyen de recueillir, sans en rien
faire perdre *aux générations futures*,
tout ce qui est dialogue, monologue
et scènes d'une conversation longue
et multipliée entre beaucoup d'inter-
locuteurs.—Madame, répartis - je, je
me ferais fort de saisir et de ne pas
perdre un seul mot d'une dispute entre deux rivales, quatre journalistes
et cinq romanciers ; jugez de mon ha-
bileté à pouvoir captiver, sous mes
chiffres *hiéroglyphiques*, cet océan de
paroles!.....

Il est bon, avant tout, continua madame L***, de vous faire parcourir d'a-
bord toutes les localités du n° 113, car
un bon acteur ne doit-il pas connaître
géométriquement toutes les trappes,
machines, coulisses, dimensions et

tremplins de son théâtre ?..... venez
donc avec moi : madame L***, me pré-
cédant, chargée de quelques clefs en
acier très-fin, en argent doré d'une
facture tout-à-fait neuve à mes yeux,
ajouta : il faut commencer par le BOU-
DOIR NACARAT, c'est le réduit délicieux
de ROSALIE-PSYCHÉ, la plus jolie de
mes femmes : n'est-il pas juste de
rendre nos premiers hommages à la
plus belle, à la plus modeste ?..... Rosalie, me dit-elle chemin faisant, est
d'une bonne famille ; éducation, talens d'agrémens, douceur angélique,
beauté de figure, taille parfaite..... La
nature et le sort paraissent avoir cons-
piré à qui concourrait le plus à lui
prodiguer des avantages ; et si vous la
voyez *poser*, ajouta-t-elle, que de-
viendraient en vous tout cet échafau-
dage de morale et vos belles résolu-

tions de sagesse et d'abstinence!.....
si, Rosalie, dis-je, se présentait à
vous,

« Belle sans ornement, dans le simple appareil
» D'une beauté qu'on vient d'arracher au som-
       meil »,

vous en seriez ébloui, mon chez ré-
dacteur, c'est un ange de blancheur,
de délicatesse et de perfection dans
les formes!.....
Madame L***, s'arrêtant elle-même
dans son chaud panégyrique, posa,
en ce moment, le pied sur un piston
en façon de ressort, et aussitôt une
porte masquée par le tableau d'une
peinture fort lascive, par parenthèse,
s'ouvrit devant nous..... De quels parfums ne fûmes-nous pas enivrés!.....
c'était la corbeille de Flore qu'on venait de semer sur nos pas; je vis au

même moment un petit *élysée* d'une
forme octogone; un sofa circulaire
recouvert, ainsi que les autres meubles, d'en casimir *nacarat*, offrait un
coup d'œil tout-à-fait somptueux; de
riches franges d'argent, de grosses
torsades et des *olives* chargées de
paillettes pendaient à de triples rideaux de mousseline, de soie *nacarat* et de gaze; quelques livres galans
jetés négligemment sur un fauteuil;
un *piano* ouvert; la romance de la *Pie
voleuse*, qu'on paraissait avoir jouée;
une guitare et des paroles espagnoles
sur un tabouret; tels étaient les accessoires de ce lieu enchanteur qui per-
daient cependant tout leur attrait devant l'objet charmant qui fixa bientôt
exclusivement mon attention. Rosalie-Psyché, négligemment assise sur
un côté du canapé circulaire, à notre

vue se leva avec grâce : — « Ne vous
» dérangez pas, Rosalie, ma petite
» Psyché, lui dit affectueusement ma-
» dame L***, ce monsieur, en me
» désignant, est *un prince suédois* qui
» veut voir tout ce qu'il y a de beau
» et de curieux dans la capitale, pour
» en emporter le souvenir dans sa pa-
» trie, et vous le désobligeriez de
» vous incommoder pour lui..... » Je
saisis cette occasion de dire à Rosalie
des choses obligeantes, et nous nous
retirâmes. Elle attend, me dit ma *puis-*
sante conductrice, en refermant les
portes magiques, *une altesse* qui doit
venir la voir ce matin *incognito*, et point
du tout *in fiocchi*, et elle est, comme
vous le voyez, ajouta-t-elle en plaisan-
tant, *sous les armes ;* elle s'attend à recevoir d'un moment à l'autre le prince
dont je suis *la complaisante,* comme

vous pouvez bien le penser.....—Oui, poursuivit-elle en riant, mes fonctions me rendent souvent *l'amie du prince* : hier soir, un grand chasseur à livrée, portant l'écusson des armes d'un grand personnage, m'apporta un billet d'instruction préalable, et Rosalie a déjà le mot, puisque c'est à elle que ce sultan a jeté hier soir le mouchoir, se trouvant voisin d'une loge que nous avions louée à l'Opéra pour voir *la Vestale*, sujet qui d'ailleurs convient parfaitement à mes nymphes. —Son altesse, qui est anglaise, m'avez-vous dit je crois, repris-je, ne regrettera sans doute pas ses froides insulaires dans les bras voluptueux et caressans de Rosalie!.....—Tout en conversant nous approchions d'un couloir *bleu-céleste*, et de l'appartement contigu nous entendîmes partir

un éclat de rire : c'est ici que demeu-
rent ensemble ANETTE et ADELINE, me
fit remarquer mon guide ; Clarisse
Harlowe et miss Hove étaient moins
unies ; ce sont mes héroïnes en amitié :
elles sont filles d'un banquier qui fit
plusieurs banqueroutes frauduleuses,
la rigueur seule des circonstances et
du renversement de leur fortune les a
donc amenées chez moi ; je ne les ai
point influencées, me dit-elle, je leur
ai même offert des secours tout-à-fait
gratuits et désintéressés ; ainsi, sans
qu'on puisse me taxer de les avoir sé-
duites ou subornées, aidée en cela par
les malheurs de leur propre situation,
elles se sont au contraire placées ici
de leur libre arbitre ; elles goûtent
volontairement chez moi le bonheur
de l'aisance, de la liberté et du plaisir. Anette et Adeline n'ont stipulé

La Galanterie

qu'une clause dans le traité que nous avons passé ensemble à l'amiable, il y a près de deux ans, c'est de pouvoir choisir dans le nombre des aimables cavaliers auxquels elles veulent bien accorder leurs faveurs; j'y ai consenti; quand vous me connaîtrez mieux, vous vous convaincrez facilement que je ne puis être heureuse et surtout enrichie que par le bonheur et les plaisirs des autres..... Le moyen que nous prîmes, poursuivit madame L***, pour qu'elles pussent jeter leur dévolu sur les hommes qui entrent, est le médiateur d'une glace sans teint qui se trouve masquée par les plis de cette tenture de taffetas *bleu céleste*; à l'aide de cette cloison diaphane, Anette et Adeline voient tout, mais sans être vues, et m'indiquant par le carillon harmonieux

d'une pendule à musique qui se trouve dans leur appartement, le choix
que l'une des deux a fait; si c'est un
beau blond, la pendule joue une romance tendre; si l'amant de prédilection est brun, c'est alors une walse
d'un *mouvement* fort vif; s'il est châ-
tain, c'est un air enjoué et piquant
du Vaudeville..... Et, ajoutai-je moi-
même en riant, interrompant madame L***, si le personnage avait des
goûts monstrueux, antiphysiques;
alors, me répondit-elle avec gaieté,
ce serait l'ouverture du jeune Henri.
aussitôt, continua-t-elle, *j'arrange*
les parties; je fais comme la reine
d'Otaïti, et bien plus promptement
encore que M. Willaume, des ma-
riages dont les autels de la Nature et
du Plaisir reçoivent les sermens *écrits*
sur le sable, sermens aussi faciles à

délier que les nœuds de fleurs formés dans mon temple, et enfin je fais des heureux, sans rien déranger à mes spéculations financières.

J'applaudis sincèrement à cette ingénieuse et surtout *harmonique* correspondance qui protégeait et facilitait les préférences de l'amour sous les auspices de la sixième muse, *Euterpe*, déité de la musique; la volupté, le délire même des sens étaient donc comme *notés* et réglés *en cadence* chez notre couple féminin, Anette et Adeline. Sans désirer toutefois entendre pour mon propre compte une *walse vive* ou une *tendre romance*, j'exprimai à madame L*** le désir de connaître ces deux charmantes mélomanes.....—Entrons sans tant discourir; nous le pouvons facilement, me dit-elle : nous les trou-

vâmes dans le négligé le plus libre ,
et je ne vis que trop, au feu brûlant
de leur visage, que la pendule avait
joué, il y avait probablement peu
d'instans , *tout son répertoire.. ... * Des
débris d'un beau déjeûner, des vins
étrangers versés dans des flacons de
cristal , un riche cabaret de tasses de
porcelaine encore remplies de li-
queurs des îles, des truffes, des oran-
ges, des aromates délicieux remplis-
saient l'air de leurs émanations stimu-
mulantes, et ne pouvaient manquer
d'augmenter le délire moral des con-
vives par celui des sens et de l'excita-
bilité des mets..... ;—des armes et des
schakos fort riches, *comme jonchés*
sur des fauteuils couleur *bleu céleste*,
annonçaient clairement que quelques
Mars étrangers, absens pour le moment de l'appartement, avaient par-

tagé les délices de la table, avaient foulé le somptueux édredon de deux lits jumeaux qui se trouvaient dans une vaste alcove, avec ces deux *Cypris*; et leur absence ne pouvant être que de peu de durée, nous nous retirâmes, madame L**** et moi, pour les laisser s'abandonner sans contrainte à leurs gaietés philosophiques et à tout le charme de leur singulière et voluptueuse *mélomanie*. Effectivement, à peine fûmes-nous sortis que la pendule exécuta, avec la mesure la plus précipitée, une *polonaise* dont le refrain final terminait par des accords langoureux et *mourans*. ... Gardons-nous de troubler un si touchant concert! m'écriai-je; et puisque le dieu de l'harmonie, Apollon lui-même, *bat la mesure*, puisqu'il s'est fait ici le *maître à danser* de l'Amour et de

la Galanterie, n'interrompons pas de
si doctes leçons.......

Anette et Adeline, me dit bientôt
notre aimable supérieure, viennent
de vous apparaître dans une situation
qui n'est pas la leur d'usage ; car elles
ne laissent pas d'être fort réservées
naturellement, et s'il faut qu'elles
ajoutent quelquefois, par hypocrisie,
à leur air et à leur maintien décens,
je n'ai point dans ma maison ni
dans mes *succursales* de meilleures
actrices, s'il me faut, par exemple,
une *bourgeoise* aux Tuileries, ou aux
soirées et aux réunions honnêtes que
j'arrange souvent chez moi dans mon
SALON DE FAMILLE ; elles ont enfin conservé, au sein du culte quelquefois
licencieux qu'on sert sur mes autels,
ce *cachet* de femme honnête qui séduit beaucoup d'amateurs curieux de

voir régner au sein du plaisir même ce mélange piquant de pudeur et d'effronterie. Anette et Adeline savent imiter au mieux la femme de bien *qui se respecte, qui a des principes.....* *La charge* est parfaite en elles ; elles rendent à ravir le dédain, le sentiment de supériorité, le *bégueulisme* d'une femme qui sent ce que sa vertu vaut, et jamais l'épouse d'un marchand n'a su dire avec autant de grâce et d'esprit qu'Anette surtout : *On ne peut pas voir cette femme-là...* Si de ces qualités morales, je passe à l'examen de leurs personnes, il est difficile de rencontrer des attraits plus *fermes*, plus rares. Le médecin ordinaire de la maison qui, en sa qualité d'homme de l'art, continua madame de L***, a droit, à cet égard, de prononcer un jugement de quelque crédit, assure

n'avoir rien vu dans sa vie de si beau.
Adeline est le véritable *as de pique* de
Fronsac ; c'est un petit buisson de
jais parmi des touffes de lis.... ; les
ondulations élégantes de son beau
corps, ses formes rebondies et pote-
lées, ses belles épaules d'ivoire, sa
gorge majestueuse, mélange charmant de rose et d'albâtre, n'ont point
d'égales dans l'atelier même du célèbre Canova...... ; c'est bien la bouche la plus fraîche, les dents les plus
blanches, le rire le plus fripon !!!.....
Tenez, mon cher anachorète, me dit
madame L*** dans l'enthousiasme de
ses portraits voluptueux, je ne vous
conseille pas du tout de composer vos
BULLETINS ANACRÉONTIQUES près d'A-
deline ; c'est pour le coup que la plume
vous tomberait des mains et vous fe-
rait préférer l'original à la copie.

Pauvre historien ! malgré vous, séduit, vous oublieriez bientôt la gravité de votre important ministère, et le peintre, d'un pinceau égaré, perdrait aussitôt la raison sur le sein de ses dangereux modèles.... . Pour éviter un pareil scandale, poursuivit ma chère compagne, passons au RETOUR DU ZÉPHIRE ; c'est ainsi que JOSÉPHINE elle-même a nommé son appartement, lorsqu'elle *prit le voile* sous mes amoureux auspices, et c'est par elle également qu'il faut clore cette première revue.

La véritable couleur de la *cellule* de Joséphine est cependant NARCISSE ; et tout porte ici, comme vous voyez, me dit-elle en y entrant, l'éclatante et suave blancheur de cette fleur. Nous avions pénétré dans le boudoir de Joséphine au moyen d'un *boutoir*

d'argent que ma nouvelle Circé tenait dans le paquet de clefs dont j'ai
déjà fait mention. J'avais cependant
été d'avis de nous faire annoncer par
quelque bruit ou quelque avertisse-
ment préliminaire...... C'est inutile,
m'avait fait observer madame L***;
d'ailleurs, continua t-elle, rien ne
serait piquant à vos yeux, ici et dans
toutes les particularités de ce *pensionnat*, si de temps en temps, par
la brusquerie de nos apparitions,
nous ne *prenions sur le fait* le triple
dieu de la nature, du plaisir et de la
folie; ensuite mes femmes, habituées
à mes visites inattendues, loin de se
fâcher, loin de craindre d'être surprises dans quelqu'épisode, quelque
scène peu équivoque, sont charmées,
au contraire de me donner ces preuves de leur ferveur constante au dieu

que l'on encense dans cette mosquée.
Nous parûmes donc inopinément devant l'adorable Joséphine. Parée des
fleurs naissantes de la plus brillante
jeunesse, elle comptait à peine sa dix-
septième année ; la légèreté, la finesse
de sa taille svelte, l'éclat de sa fraîcheur, tout en elle l'aurait fait prendre pour la sœur cadette de Flore :

« Son teint naïf brillait de ses couleurs,
» Ses seuls appas composaient sa parure,
» Et ses cheveux bouclés à l'aventure
» Flottaient au vent sous un chapeau de fleurs. »

Il y avait peu de temps qu'elle venait
de sortir de sa baignoire que deux
cygnes d'argent ornaient d'un style
et d'un goût exquis ; elle achevait de
se coiffer ; mais d'ailleurs, presque
nue,

» ..... Du lin le plus fin, le léger vêtement,
» De ses plis azurés l'entouraient mollement...»

Nous pûmes donc facilement l'admirer à travers ce réseau transparent, et je confesse que mes sens en furent tout-à-fait émus; elle nous pria de nous asseoir, tandis que sa femme de chambre allait achever de l'essuyer et de lui passer un peignoir...... « Monsieur, en me montrant, est une personne sûre, puisqu'il vous accompagne ?..... » Mon enfant, lui répondit notre surintendante, c'est plutôt un père qu'un étranger qui vient ici, sur ma prière et mon invitation, défendre l'*innocence opprimée* dans la personne de mes *odalisques* ..... Je vous expliquerai tout à la réunion du soir ou bien au moment des toilettes : au surplus, soyez assurée, Joséphine, que vous n'avez pas de plus chaud défenseur de votre *gloire* et de vos intérêts que ce *profond* observateur, termina madame L.*** en me montrant.

« Le bal d'hier m'a singulièrement échauffée, interrompit nonchalamment Joséphine en croisant les jambes sur une chaise longue; on m'a forcée de chanter, de pincer de la harpe dans les *petits appartemens* du duc, et vraiment je n'en puis plus.... » — Son excellence n'aura pas laissé d'ajouter à tes fatigues, dit en souriant madame L.***, et sa générosité, sa magnificence prouvent bien à quel point il te chérit; en même temps elle retournait dans ses mains un peigne enrichi de perles et de diamans, preuves non équivoques de la galanterie fastueuse du duc. Cependant

Joséphine annonça d'un ton pares-
seux et accablé qu'elle désirait prendre quelque repos; elle tira donc près
d'un guéridon un large ruban couleur *narcisse*, et deux fringantes sou-
brettes, à l'indication qu'elle fit du
doigt, la placèrent, ou plutôt l'éten-
dirent sur un sofa *à l'égyptienne*
garni d'élastiques coussins; elle s'y fit
servir un verre de vin d'Alicante,
quelques pâtisseries ambrées, et nous
la laissâmes s'abandonner commodément, dans ses songes, au souvenir
de cet aimable prince inconnu, qui
me parut avoir fait une vive impression sur ses sens. Madame L***, à qui
je demandai quelle était l'origine et
le motif de ce *retour de Zéphire* peint
sur le dessus de porte du boudoir de
Joséphine, me répondit que c'était
pur enfantillage de sa part. Joséphine

singe un peu la Nina, me dit-elle ;
lorsqu'elle était au château de son
père, le marquis de D***, ancien
émigré ruiné par la révolution, elle
avait conçu pour un jeune page de la
cour ce qu'on appelle un *amour d'en-*
fant; elle perdit son amant : l'émi-
gration générale l'en priva ; sa jeune
tête, frappée du chagrin d'une sépa-
tion aussi douloureuse, s'exalta, un
état de démence complète succéda à
sa première douleur. Sa folie cependant ne laissait pas que d'avoir des
charmes ; elle se disait être Flore elle-
même, et c'était son Zéphire qu'elle
attendait. Le peu de fortune des pa-
rens entre les mains desquels Joséphine était tombée ne leur permettait pas de soigner, comme ils l'auraient dû faire, ce nouveau genre de
folie. Je parus sur ces entrefaites,

poursuivit madame L***, et par un sentiment de pur désintéressement et d'humanité, j'offris, sur mon *honneur et celui* de ma maison, de me charger de cette aimable vierge si maltraitée par la fortune et de l'établir un jour avec les avantages d'un véritable mariage, prenant sur moi d'avance le soin de sa dot et des frais de noces. Joséphine fut donc reçue et soignée ici. Sa reconnaissance naïve, sa candeur, son attachement pour moi sont vraiment au-dessus de mes expressions. Quelques doux accès de mélancolie plus que de démence viennent quelquefois la surprendre au milieu de ses fréquentes rêveries; mais alors elle n'en devient que plus intéressante, comme vous avez pu le remarquer dans la visite que nous venons de lui faire. Ce sen-

timent exalté, qui la domine souvent, lui a fait imaginer de me prier
de faire peindre sur le dessus de
l'entrée de son appartement un brillant Zéphire aux ailes éclatantes de
rubis et d'émérandes ; et comme une
autre Nina, elle attend toujours son
Germeuil...... Gardez-vous bien de
croire que Joséphine serait du nombre de mes concubines qui *descen-
dent et font le palais ;* point du tout ;
et ainsi que celles que nous avons
passées déjà en revue, Joséphine est
un des plus précieux bijoux de mon
écrin ; ce n'est qu'à des altesses,
des excellences que le trésor de ses
charmes doit être livré, si elle-même
encore ne me fait tenir la parole que
je lui ai donnée de la faire épouser
légitimement..... Des têtes couron-
nées seules auront donc le droit très-

exclusif de se parer de ce *bouquet vir-ginal*..... Alors, fis-je observer à mon interlocutrice, le duc, la nuit der-nière.....—Je ne le crois pas encore, reprit madame L*** ; Joséphine, sensible et coquette, a l'art, depuis deux ans, de *temporiser* sa défaite, et elle m'a souvent assuré qu'elle n'accorderait le prix de sa conquête qu'avec l'aveu de son cœur. N'étant point naturellement intéressée, l'or et les pierreries la séduiront difficilement ; et je la connais capable de rendre au duc le peigne de diamant dont il lui a fait don, si elle ressent quelque secrète répugnance à lui laisser prendre *un premier baiser* sur ses nubiles attraits. Il ne faut donc pas la confondre avec mes femmes qui sont chargées du département des galeries et de celui des *galanteries extérieures* ; elle

paraît encore moins sur la terrasse du
pavillon de la Paix; et, ainsi qu'A-
nette, Adeline et Rosalie, étrangère
à mes spéculations *extrà muros*, elle
n'a rien de commun avec ce que j'appel-
lerai le *détail courant* de la maison;
elle contribue enfin, avec d'autres de
mes nymphes que je vais vous faire
connaître, à composer *mon sérail de la
bonne compagnie*. Ma belle Rosalie, il
est vrai, *descend et monte un homme*
quelquefois, mais ce ne sont que des
dérogations passagères aux rits et aux
usages de mon galant institut. Si
cette dernière consent donc parfois
à s'assimiler aux *piétonnes* de ma
troupe, c'est plus par folie, par amabilité, par cet esprit de philosophie
qui la fait descendre aux emplois su-
balternes, tandis que sa beauté l'appelle aux premiers rangs, que par l'effet

de mes ordres et de mes intentions. Rosalie, une des premières divinités de mon temple, est, sans orgueil, parée de sa jeunesse et de ses attraits; elle se plaît souvent, vous le savez, à se mêler parmi les simples mortels, mais elle est bientôt reconnue à l'*odeur d'ambrosie* qu'elle répand à la ronde....—Il n'y a donc que les classes élevées et opulentes qui connaissent véritablement mon sérail de la bonne compagnie, poursuivit madame L*** dans son discours d'apologie et d'éloges; et voilà la raison pour laquelle le public, en général toujours superficiel et léger dans ses observations, juge si inconsidérément de mon voluptueux pensionnat; c'est qu'il prononce ses opinions *d'après la montre*, *d'après les seuls objets d'étalage*, sans examiner à fond le riche harem dont j'ai la double gloire d'être à la fois l'inventrice et la propriétaire.

C'est ici que je pris vraiment une haute opinion des *moyens adminis-tratifs* de madame L*** et de son art profond à manier toutes les branches commerciales du plaisir; non seulement ses spéculations atteignaient le gros propriétaire, le prince, le duc, le capitaliste, voire même le maréchal de France; elle pouvait, dis-je, four-nir de la volupté matérielle au goût le plus délicat, mais encore sa philoso-phie libérale ne dédaignait donc pas, suivant la preuve qu'elle m'en don-nait, de descendre aux classes moyen-nes, de faire, ce qu'on appelle parmi la classe marchande, *le menu de la vente courante*, et de céder de la jouissance à un taux que tout le monde pouvait atteindre : Madame L***, m'é-

criai-je au fond de moi même, est
vraiment *grand homme* dans son administration ; et mille fois plus pré-
cieuse à mes yeux que tous ces fameux conquérans qui ont tué l'espèce
humaine, elle, au contraire, ne vise
qu'à sa propagation et à ses plaisirs ;
elle mérite donc, en sa qualité de
dispensatrice de félicités sur l'indi-
vidu comme sur la généralité, une
digne place dans les annales du monde
galant, non pas qu'elle puisse mar-
cher sur la ligne des Sapho, des
Circé, des Laïs, mais on ne peut lui
refuser maintenant le sceptre des
plus habiles appareilleuses. Qu'on me
pardonne ce monologue de digres-
sion et ce tribut que j'ai cru devoir
payer ici au génie créateur de notre
héroïne ; laissons-la parler maintenant, et reprenons le fil de notre

histoire. Nous en étions restés sur le compte de Joséphine ; quelques lignes encore sur cette aimable enfant, qui est la quatrième actrice, si je compte bien, du théâtre dont nous examinons les loges et les coulisses, et nous passerons à une autre.

Oui, reprit madame L***, Joséphine est ma QUATRIÈME MUSE, car il est bon que je vous apprenne encore, M. C***, que c'est ici le temple particulier des Neuf Muses ; c'est le vrai Parnasse, non pas des belles lettres, mais de la volupté ; c'est ici qu'Apollon lui-même, en sa qualité de grand physicien, nous donne les leçons les plus savantes sur *les lois du mouvement...*—Outre leurs noms propres, leurs noms de baptême, leurs sobriquets qu'elles se donnent entre elles, mes pensionnaires en ont un de mythologie ; c'est une circonstance, continua-t-elle, dont, je l'avoue, j'aurais dû vous faire part plus tôt ; mais enfin il en est encore temps pour l'intérêt de l'histoire que vous rédigez ; oui, mon cher profane, me dit madame L*** ; ainsi, pour remonter au principe de la revue de nos galeries, *Rosalie-Psyché* est surnommée ici, à cause de son talent pour la danse, *Terpsichore*. *Anette*, bonne comédienne, a reçu le nom de *Thalie*; *Adeline*, rapport à ses profondes connaissances en *histoire*, celui de *Clio*; et *Joséphine*, pour ses amoureuses rêveries, et surtout son éloquence, a désiré elle-même qu'elle eût dans notre petit Olympe terrestre le rang et le surnom de *Calliope*. Quant à l'Apollon qui doit présider mes Neuf Muses sur ce mont sacré, chacune d'elles le voit dans chaque bel adolescent anglais, russe, français ou espagnol qui vient monter *sa lyre* près d'elle : l'usage est seulement retourné ; car Apollon, sur les rives d'Hippocrène, donnait les leçons de l'harmonie ; ici, sur le *mont de Cypris*, il les reçoit, et aucune de ses muses ne pourrait mieux que les miennes donner une meilleure idée du système de rotation *des corps* et de la nécessité de l'union parfaite *des choses*.....

Tout en faisant ces folles allusions, nous étions parvenus au deuxième étage, vis-à-vis l'appartement de *Clarisse-Melpomène*. La *reine tragique* que nous visitions était en ce moment occupée à réciter avec véhémence et un abandon passionné une des plus belles tirades de Phèdre.

Emportée par l'élan et la chaleur de
sa déclamation, elle ne fit presqu'aucune attention à notre visite. Nous
nous glissâmes, madame L*** et moi,
près d'une embrasure, marchant sur
la pointe des pieds et faisant signe de
la main et des yeux qu'on ne fît aucune attention à notre venue. Placés
près les rideaux, nous étions à admirer le jeu, la science, le désordre
amoureux, ou plutôt frénétique, de
notre belle *incestueuse*. C'était juste-
ment le passage dans lequel la criminelle épouse de Thesée fait à Hippolyte, dans une poésie admirable et
dans un sens mille fois détourné, la
déclaration de ses feux :

. . . .

»Pour en développer l'embarras incertain,
»Ma sœur du fil fatal eût armé votre main;

» Mais non : dans ce dessein je l'aurais devancée ;

» L'amour m'en eût d'abord inspiré la pensée.

» C'est moi, prince, c'est moi dont l'utile se-
                                            cours

» Vous eût du labyrinthe enseigné les détours

» Que de soins m'eût coûté cette tête char-
                                        mante !

» Un fil n'eût point assez rassuré votre amante.

» Compagne du péril qu'il vous fallait chercher,

» Moi-même devant vous j'aurais voulu mar-
                                        cher ;

» Et Phèdre au labyrinthe avec vous descendue,

» Se serait avec vous retrouvée ou *perdue*. »

Le costume de *Clarisse-Melpomène*, aussi riche, aussi noble que celui de mademoiselle Duchesnois, ajoutait de nouveaux charmes à sa personne, à sa langoureuse déclamation, par l'art voluptueux et les recherches de coquetterie que CLARISSE, notre cinquième muse, avait mis dans sa toi-

lette; sa gorge magnifique, majestueuse, comme toute sa personne,
presque nue, ses belles formes sail-
lantes sous un tricot de soie couleur
de chair, et découverte presque jusqu'à la ceinture, au moyen d'une
agrafe en pierreries qui relevait élé-
gamment une légère tunique *à l'Iphi-
génie*, semée d'une pluie de paillettes,
enfin toutes ses draperies de mousseline amaranthe brodées or, jetées
artistement sur un cothurne élégant,
offraient un modèle de beauté et de
grâces aussi imposant qu'enchanteur.......; et tout spectateur, sans
doute, aurait voulu devenir l'heureux
Hippolyte, sans être retenu par le frein
des chastes scrupules du héros de
Trézène.....

Quel bel effet de *grandiose*!!.....,
dis-je bas à madame L***; mademoi-

selle Georges, toute belle qu'elle est, ne serait-elle pas effacée ici par cette orgueilleuse rivale ?...... Mais admirez donc, reprit avec un secret enthousiasme madame L***, les beaux bras de Clarisse, les voluptueuses fossettes formées au coude, à ses charmantes mains ; tout cela éblouit de blancheur. Guérin, le fameux Guérin a-t il jamais possédé dans ses ateliers des contours plus nobles, plus voluptueux !..... Les brasselets de diamans, les douze rangs de perles qui suivent si délicieusement le mouvement de son sein, ne captivent en rien nos regards...... Non ; nous ne voyons, repris-je à mon tour, que la belle nature qui s'est plu à perfectionner un de ses plus charmans ouvrages.....; et ne préférera-t-on pas mille fois à tous les diamans de la

couronne cette petite touffe ravissante,
si piquante, de poils noirs comme
l'ébène que Clarisse laisse apercevoir
d'une manière friponne sous ses bras,
et qui ressemble parfaitement à un
petit rets de soie noire jeté parmi des
flocons de neige......

Le beau jeune homme qui représentait près de notre héroïne le pudibond Hippolyte, également revêtu
d'un très-beau costume de théâtre,
laissait souvent remarquer dans ses
gestes, dans ses yeux passionnés,
malgré *les rigueurs de son rôle*, qui
lui interdisait toute faiblesse, une
secrète électricité, une contagion
sourde de l'incendie que causait dans
tous ses sens le voisinage et l'entre-
prise de séduction de l'amoureuse
Phèdre. La figure d'Hippolyte, ani-
mée, enflammée même du feu des

désirs précurseurs, des effets d'une ivresse avant-courrière, ne décélait que trop tout ce qui se passait dans ses sens éperdus; et au moment où, plein d'une sainte indignation, il doit s'écrier en reculant d'horreur :

« Dieux! qu'est-ce que j'entends, madame,
oubliez-vous
» Que Thésée est mon père, et qu'il est votre
époux? »

le cœur lui palpita avec violence ; ses bras, comme malgré lui, s'entrela-cèrent avec ceux de Clarisse-Melpo-mène....., des larmes de plaisir tom-bèrent sur son sein.....; tout nous pronostiqua que le double crime d'a-dultère et d'inceste serait bientôt con-sommé, au mépris des vertueuses intentions de Racine, et qu'enfin

Thésée *le serait* comme *l'ont été* tant de puissans demi-dieux.....

Nous nous esquivâmes donc judicieusement; notre présence, qui n'avait rien dérangé jusqu'alors, ne pouvait manquer de devenir indiscrète ici, et notre absence devait conséquemment avoir lieu au moment où elle devenait indispensable, autant pour les plaisirs de nos acteurs que pour les intérêts même de la maison...—Vous dites *intérêts de la maison*, M. C***, et vous avez parfaitement raison de vous servir de cette expression en votre qualité de narrateur; car la scène que nous avons eue sous les yeux était plutôt un *arrangement de calcul* qu'un sentiment réel dans Clarisse-Melpomène; non pas que cette belle muse n'eût en effet le goût inné de la tragédie au dernier degré; mais malgré toute la beauté de son Hippolyte, ce n'était cependant pas ce dernier qui était son véritable amant, l'ami de cœur et de prédilection..... —Comment, madame!..... ce charmant jeune homme...... — Non, monsieur, ce bel adolescent, tout aimable qu'il est, ne *mettait pas le feu aux étoupes* pour son propre compte; enfin il n'est le préféré ni sous le rapport de l'inclination, ni sous celui de l'intérêt; vous pensez-bien, continua madame L***, que je dois le savoir mieux que qui que ce soit. Le comte de B***, noble polonais, amateur fou de la tragédie, a trouvé dans Clarisse l'objet qui lui convenait parfaitement. Riche héritier et possesseur à vingt-deux ans d'une fortune immense, c'est lui seul qui *sacrifie à l'autel* de cette Melpo-

mène ; son imagination ne se monte
que sur le ton tragique : la déclamation des vers de Corneille, de Vol-
taire, de Racine , sont pour lui les
plus voluptueux préludes, les véhi-
cules les plus puissans du plaisir : enfin il était caché dans l'alcove au moment où nous entrâmes ; son délire
n'aura pas manqué d'être progressif
comme le jeu passionné de nos deux
acteurs. Echauffé, titillé par le spectacle d'une scène aussi voluptueuse
que celle de Phèdre cherchant à sa-
tisfaire sa passion dans les bras d'Hippolyte, à l'inverse de l'intention de
l'auteur de la pièce, qui la fait périr
victime d'un amour méprisé, le comte
de B***, poursuivit avec chaleur madame L***, sera accouru *pour etein-
dre lui-même* le feu allumé dans le
cœur de Clarisse. Son secrétaire (car

ce bel Hippolyte que vous avez vu là n'est pas autre chose) se sera retiré lorsque son ministère de complaisant sera devenu tout-à-fait inutile à son maître; et ce dernier se sera livré à des délices, à des transports dont un autre avait reçu ordre de disposer *commodément* les apprêts...... Telle est, continua-t-elle, l'originalité des hommes. Vous verrez ici, M. B***, des épisodes, des bizarreries, des singularités auxquelles l'imagination la plus baroque, la plus déréglée peut seule donner naissance..... Les quarante-cinq postures de l'Arétin ne sont, mises ici en comparaison, que des routes battues, des recherches usées et sans mérite aucun d'invention..... Oh! que votre plume s'apprête à décrire des choses tout-à-fait neuves! je vous réserve incessamment l'aspect du *panorama-galanterie-pra-tique* le plus extraordinaire qui se soit offert aux yeux d'un simple mortel, et la dynastie des douze empereurs romains, dans leurs folies amoureuses, n'était que des naïvetés d'enfans, mises en parallèle avec celles de mes *abonnés*..... Que de merveilles dois-je donc m'attendre à voir? me dis-je avec admiration. Ainsi, répliquai-je, la coupable *Phèdre*, Clarisse, n'aura pas consommé, avec l'*Hippolyte* que j'ai vu, le crime d'inceste que Racine ne touche qu'avec tant d'art et de délicatesse ??...Quel événement piquant!.... Il y a donc des hommes qui ne peuvent *jouir* qu'en voyant préalablement *jouir* les autres? C'est cela même, me dit madame L***; il se présente tous les jours chez moi de cette espèce d'êtres qui ne se disposent et

La Galanterie

ne s'acheminent *au délire* que lorsqu'ils voient, comme dans une glace, une répétition de scènes stimulantes : c'est pour eux le *coup de fouet*, la verge du vieux libertin.....

Nous cessâmes ici, madame L*** et moi, de nous entretenir de notre couple tragique, et nous nous empressâmes de nous rendre au parvis sacré du temple de notre sixième muse..... Ne devais-je pas, pour l'intérêt même de mes chers lecteurs, connaître toutes ces *divinités mondaines* du numéro 113 ?

Je vois, j'entends d'ici un minutieux épilogueur qui, une épingle à la main, *pique* toutes les fautes que je fais, et s'acharnant autant aux formes du style qu'au canevas des faits, a déjà malignement noté sur ses satiriques tablettes, que j'ai omis de donner successivement la couleur des appartemens que je viens de parcourir, et qu'en cela j'ai oublié de m'astreindre moi-même à la marche que madame L*** paraît avoir adoptée de désigner le nom de la couleur du temple particulier de chacune de ses neuf muses.....—J'y suis, monsieur l'Aristarque, j'y suis; ne me pardonnerez-vous pas une légère inadvertance, *une faute de sentiment?*..... et vos froids principes de méthode et de régularité n'ont-ils pas dû se taire un moment devant le désordre de la scène de *Phèdre* et d'*Hippolyte?*..... Il vous est bien facile de relever des erreurs; vos sens n'ont pas été troublés, comme les miens, par le spectacle d'objets trop faits pour altérer le flegme du plus froid historien...... Mais puisque vous tenez tant à cette couleur des étoffes et des meubles des appartemens, l'on vous apprendra de suite que le *foyer* de notre belle actrice Clarisse-Melpomène était drapé en soierie couleur *cuisse de nymphe émue;* que tout l'ameublement, par ses nuances, y correspondait parfaitement : ainsi nous voilà en règle.

Vous ne vous êtes sans doute pas proposé, M. C***, m'observa madame L***, de faire d'une seule haleine un récit et un examen qui exigeront plus d'une séance sans doute pour la description des personnes comme des localités ; arrêtons-nous donc ici, et faisant une coupure à vos matériaux d'histoire, réservez-en pour votre prochain bulletin. Je suivis son conseil ; et pour avoir le temps de mûrir mes réflexions, j'annonce au lecteur

que je mis une lacune de vingt-quatre
heures entre le bulletin qui précède
et celui que je vais lui offrir sous le
titre de *deuxième bulletin anacréontique.*

DEUXIÈME BULLETIN ANACRÉONTIQUE DES SECONDES VINGT-QUATRE HEURES PAS-SÉES AU N° 113.

ALLONS, madame L***, reprenons le cours des récits, comme celui des événemens. Vous m'avez dit quelque part, si je ne me trompe, que *vos neuf muses*, que je devais toutes connaître bientôt dans les plus grands détails, ne devaient pas être confondues dans ma mémoire, avec les femmes qui sont exposées *à la banna-lité des passans*; et malgré, comme nous l'avons déjà fait remarquer nous-mêmes, que la charmante *Rosalie-Psyché* se dépouille souvent des attributs *de sa divinité*, et que quelquefois, philosophiquement attablée au café des Mille Colonnes avec *un brillant Faublas*, elle ne laisse pas d'y avaler des lampées de *nectar*, sous la forme d'un demi-bôl de punch (et semblables en cela à quantité de déités du paganisme qui se sont plu à partager les plaisirs des faibles humains, elles paraissent fréquemment sur *la terre du palais Royal*); il n'en est pas moins vrai que c'est une dérogation, une simple exception à la règle : je vous accorde ce point, répartit madame L***. En discourant ainsi, après avoir traversé une enfilade d'appartemens éclairés et meublés somptueusement, nous pénétrâmes à une sorte de petit conser-

vatoire musical : c'est ici, ajouta-
t-elle que réside ADÈLE - EUTERPE,
notre sixième muse de la musique;
mais sans ouvrir brusquement les
portes qui, par parenthèse, offraient
à l'œil vingt trophées d'instrumens
grecs, nous jugeâmes convenant de
nous faire annoncer; j'avais *ma flûte*
sur moi, et me plaisant à préluder
par un brillant point d'orgue, je pen-
sai avec raison que ce serait la manière la plus honnête et la plus ana-
logue de nous faire annoncer à notre
fanatique mélomane : nous fûmes reçus avec infiniment de grâce et de
politesse par ADÈLE - EUTERPE, qui
nous dit les plus jolies choses du
monde en *gargouillades* et en *faus-
sets cadencés;* elle n'était pas seule;
un *virtuose* l'accompagnait : nous
prîmes deux siéges en forme de lyre,

et un brillant duo de harpe et de
cor, que notre visite avait inter-
rompu, fut aussitôt repris; le jeune
artiste *en donnait* à ravir, Adèle *en
pinçait* à merveille; extrêmement
sensible aux charmes d'une musique
dont les accords enchanteurs répan-
daient dans tous les appartemens
voisins des sons et des échos délicieux, je me plus infiniment, je l'a-
voue, dans cette partie de mes visites
domiciliaires. L'appartement d'A-
DÈLE-EUTERPE, drapé en soieries
couleur *potiron*, répondait en tout
aux meubles et au lit de même couleur; tout y portait les livrées jaunes;
j'en conçus un mauvais augure pour
le front de notre *Cor....* Vous vous
trompez, me dit tout bas madame
L***, n'ayez point d'inquiétude à cet
égard; l'artiste intéressant que vous

voyez ici en *parfaite harmonie* avec Adèle, n'est pas *d'accord* sur le point que vous supposez; ce jeune homme est aux appointemens d'un riche voluptueux, le marquis de Dersay, amateur fou de musique; c'est le même dont vous avez sans doute entendu parler dans Paris, et qui fit exprès de Varsovie le voyage de Londres pour y aller acheter une harpe *aérienne* et un harmonica-métallique d'un prix considérable.

Ce *virtuose* fougueux ne s'enflamme que par des vibrations et des concerts; le plaisir ne peut agir sur lui que par les agens et les organes des instrumens : en effet, je remarquai que la pendule, enrichie de quantité d'airs fort agréables, le lit même de l'appartement, qui avait la forme d'un vaste clavecin, recelaient dans leur sein

nombre de romances choisies; s'é-
tendait-on sur ce singulier lit harmonieux;... «y faisait-on le moindre
mouvement?... aussitôt, secondé en
mesure par un accompagnement d'instrumens dont tout le jeu était masqué
et invisible, vous parcouriez les fastes
du plaisir sous les auspices de la plus
douce harmonie, et tombant avec
elle dans une muette langueur, les
sons *se mouraient avec vous*.....»
Quelle recherche! pensai-je! quelle
voluptueuse bizarrerie! et me sera-
t-il possible d'exprimer ici toutes les
bigarrures du cœur humain!...

Notre marquis en question, m'apprit madame L***, caché dans la
chambre voisine, semblable aux exor-
cisés, paraît assister aux bassins de
Mesmer; il se démène, il s'agite dans
ses extases délirantes..... j'en suis sûr,

et je l'y ai déjà vu...; mais pourquoi, poursuivit-elle, nous refuserions-nous le plaisir de contempler ce fou dans le fort de sa démence de mélomanie ??.... Effectivement nous étant glissés, avec l'aveu et même avec le conseil d'Adèle, dans un petit cabinet voisin, nous pûmes commodément admirer jusqu'à quel point allaient les fantaisies inintelligibles des hommes ; le marquis Dersay, titillé par l'écho du duo de nos deux musiciens, se pâmait d'aise ; et comme nous eûmes lieu de nous convaincre qu'il approchait d'un terme où le cor devait cesser sa partie pour faire place *au propre jeu* du marquis, nous nous sauvâmes ainsi que notre virtuose, laissant Adèle former avec notre héros le plus doux concert sur sa couche *instrumentale*.

C'est assez pour aujourd'hui, m'observa madame L***; allez prendre du repos, donnez vos ordres à mes gens, me dit-elle, comme si c'étaient vos propres domestiques, et écrivez d'a-vance sur votre petit registre velours lilas le titre de nos occupations de demain, c'est-à-dire :

TROISIÈME BULLETIN ANACRÉONTIQUE
DES TROISIÈMES VINGT-QUATRE HEU-
RES PASSÉES AU N° 113.

VISITONS, me dit madame L*** après
le déjeûner, notre septième muse
CÉLINA - URANIE. Nous allâmes en
effet la trouver ; son boudoir était un
véritable petit parterre de lis : elle est
royaliste, m'apprit madame L*** ;
tant mieux, répartis - je , je serai là
dans mon élément favori ; et malgré,
pensai-je, qu'il me serait plus agréable
de rencontrer mes propres opinions
politiques dans un lieu plus digne
d'elles, je n'en sens pas moins une in-

clination particulière pour la charmante Célina. Cette jeune première, de la
physionomie la plus intéressante,
était alors gracieusement occupée à
broder *au tambour* une écharpe blan-
che en fleurs de lis or et soie. Elle
la destinait, nous dit-elle, à un beau
garde du corps qui était revenu cueillir près d'elle les myrtes de l'amour.
Tous les meubles, la tenture, les tableaux, dans cet asile respiraient le
plus ardent royalisme par leurs em-
blêmes; et l'éciat de blancheur qui
régnait partout dans cet appartement,
éblouissait les yeux. Surnommons-le,
m'écriai-je, *le boudoir-vierge*, a cause
de ses livrées blanches; et maigré que
ce séjour ne fut jamais moins propre
à l'enseigne de la virginité, faisous-
nous un moment cette douce illusion.
Célina - Uranie se formalisa de ma

malicieuse remarque, et nous fit observer que la virginité ne consistait
pas seulement dans les prémices des
sens ; qu'on pouvait obtenir la première initiative des faveurs corpo-
relles d'une femme, sans avoir le con-
sentement et l'aveu du cœur... Je ne
me serais pas cependant attendu,
dis-je à madame L***, à trouver ici
dans une de vos femmes l'expression
et le style d'une métaphysique aussi
abstraite. Mais M. C***, nous avons de
l'esprit et de l'éducation tout comme
les autres, me répondit madame L***.

Je remarquai sur un meuble une
sphère, des compas, un télescope,
une machine électrique, une bous-
sole et un quart de cercle. Voilà bien,
dis-je, les attributs d'Uranie. Oui,
poursuivit madame L***, Célina est
une *savantasse* ; et combien d'heu-

reux astronomes se sont écriés dans ses bras : Je suis dans les cieux!... Découvrant avec elle la planète de *Vénus*, passant bientôt sous la ligne, dévorés d'une chaleur brûlante, leurs sens dans une *éclipse totale*, ils ne retrouvaient la raison et le jugement qu'au périgée du plaisir.. Outre ces sciences exactes que Célina possède au suprême dégré, personne mieux qu'elle ne sait se contrefaire; c'est une Cyrcé, c'est un petit Lovelace femelle sous ce rapport; ANNETTE-THALIE même en prend souvent des leçons: Ma chère Uranie, dit-elle, portant particulièrement la parole à Célina, donne-nous de suite, comme on dit, un plat de ton métier; je ne te désignerai aucun rôle pour nous captiver davantage la surprise et l'admiration de monsieur C***. Tiens, ma bonne petite, en lui donnant un baiser sur le front, voilà les clefs de mes commodes, de mon boudoir *lilas*, et du vestiaire, qu'un Russe fort spirituel a, par parenthèse, surnommé la GARDE-ROBE COSMOPOLITE; dispose de tout; je ne te prescris aucun costume, aucun déguisement. En t'attendant ici, nous allons nous amuser à parcourir, monsieur C*** et moi, ton manuscrit sur la véritable volupté, et la vie des femmes au sérail d'Ispahan. Célina disparut avec enjouement; et nous étions, il y avait à peine quelques minutes, à parcourir le manuscrit de notre nymphe-auteur, qu'une charmante lingère, première demoiselle de boutique, ayant une pièce de perkale sous le bras, et d'ailleurs embellie de tout ce que ce genre de toilette comporte, entre et demande à parler à Madame L***, en lui disant que c'était la perkale pour draps de lit d'hiver qu'elle avait demandée; madame L*** et moi ne pûmes dissimuler un mouvement d'humeur, en nous voyant interrompus dans nos *graves* fonctions, ou plutôt nos plaisirs..... Voyez, dit madame L***, ma femme de charge, au deuxième étage; ou bien, dites à Rosalie-Psyché, de ma part, d'arranger cette bagatelle avec vous. Je n'ai pas le temps maintenant..... — Mais, madame, répartit la charmante ouvrière en linge, je ne connais pas plus votre femme de charge que mademoiselle Rosalie-Psyché..... — Oh! bien, je vais bientôt vous dépeindre cette dernière, répondit vivement madame L***. C'est une jeune et jolie fille, grande, d'une taille parfaite, yeux bien fen-

dus, noirs, bouche petite, dents d'é-
mail, épaules d'albâtre, sein de
Psyché, jambe de Terpsichore...Vous
trouverez *tout cela* au boudoir *Nacarat*, deuxième étage..... « Pendant
cet aimable babil de la part de madame L***, que faisait notre jolie lingère?... Jetant sa pièce de perkale,
elle se pâmait de rire de l'erreur
dans laquelle nous nous trouvions à
son égard..... C'était enfin, pour ne
pas faire languir davantage la curiosité de nos lecteurs, CÉLINA-URANIE,
elle-même qui, prompte comme l'é-
clair à se travestir en petite grisette,
venait nous duper complétement,
nous qui nous piquions, surtout
madame L***, d'une pénétration à
toute épreuve; il m'est arrivé quelquefois, nous apprit Célina, de me
faire suivre des heures entières sous

ces habits, dans les rues de Paris, portant un petit carton à la main, ou bien une douzaine de chemises de batiste dans un des coins de mon grand tablier de taffetas noir; je poussais la plaisanterie quelquefois jusqu'à me réfugier, d'un air craintif et effrayé, dans la première boutique ouverte, pour éviter la poursuite et les propositions insolentes d'un *monsieur* qui me disait à voix basse, à chaque coin de rue, « *qu'il voulait* » *me faire un sort agréable, me met-* » *tre dans mes meubles ; que sa for-* » *tune lui permettait de me rendre* » *fort heureuse*..... » Quelle aimable folie!.... s'écria madame L***; pour moi, à la vue d'une métamorphose si parfaite, si ingénieuse, je crus voir le diable et toute son infernale magie. — Bah! ce n'est rien, monsieur C***, interrompit Célina ; venez me voir ce soir aux Variétés, en jeune baron allemand avec son précepteur, je vous défie de me reconnaître ; et sau-riez-vous, dis-je à mon tour, char-mante Célina, jouer la femme entre-tenue, placée scandaleusement dans une loge aux Français ?.... Je ne m'en ferais aucun mérite, me répondit-elle aussitôt ; puisque je l'ai été pendant quelques années de ma vie par une altesse bavaroise, puis par un général de division ? Quels sont donc, lui de-mandai-je, les principaux élémens de ce rôle et de ce caractère ?.... — Tou-jours demander et demander encore au payant, me répondit-elle ; feindre un attachement qu'on n'a pas, étudier les faiblesses de la dupe, les aduler, le ruiner en chiffons, et par les frais d'un luxe et d'une ostentation indiscrètes, avoir mille caprices *au sein* même du plaisir..... Ne rien faire comme les autres ; être *mijaurée*, *bégueule* à l'excès ; feindre à la fois la jalousie et l'indifférence ; par exemple, s'amuser à égrainer par ton, devant un cercle d'*excellences* et de *grandesses* envieuses de vous posséder plus par étiquette que par amour, un peigne enrichi de diamans, faire sauter les pierres avec une petite épingle d'or, et de rire aux éclats d'un rire assez sot, mais qui découvre de belles dents, parce que les pierres précieuses roulent et dansent sur le parquet, puis vont se perdre sous les meubles, exposés à l'infidélité des domestiques ; obliger *le tenant* de rire aussi, et là-dessus se levant brusquement, rompant en visière à toute cette foule d'*adorateurs-prête-fonds*, demander,

d'un air nonchalant et sans projets,
son équipage de ville..... Voilà, termina spirituellement Célina, un des
traits caractéristiques de la femme en-
tretenue ; ce doit être une parfaite
chipie, bien immorale, bien dédai-
gneuse, bien rouée, bien égoïste,
bien capricieuse, et surtout bien dé-
pensière ; croyez, ajouta-t-elle, que
tous ces défauts ne sont que super-
ficiels en moi et ne pénètrent pas au
fond de mon cœur ; j'ai dû seulement
m'en revêtir quelquefois pour plaire
aux grands.

C'est à merveille, dis-je à Célina,
et feue mademoiselle Contat n'était
qu'un faible disciple de Thalie, en
comparaison de vos talens. Nous vous
rendons les armes, et nous avouons
avec plaisir, madame L*** et moi,

que nous avons été parfaitement et agréablement trompés sur votre déguisement. Adieu, adieu, ma belle Célina-Uranie, lui dit en la quittant madame L***; j'ai besoin d'un beau grand jeune homme, cé soir aux Variétés, *loge grillée, de gauche, n° 5, huit heures et demie;* sa seigneurie lord Pensel a le goût particulier de voir une jolie femme habillée en homme; j'ai jeté les yeux sur toi, parce que cette seigneurie est très-riche et très-grande dans ses libéralités; sois-y seule, et prends l'air un peu *fille;* quoiqu'il ne soit plus jeune homme, vis-à-vis de ses courtisans et de son entourage il aime à passer pour un *diable,* pour un *démon* qui fait ses *farces;* il a enfin quelque chose *du ci-devant jeune homme :* très-bien, répondit Célina ; l'air un peu *roué*, n'est-ce pas ? De gros éclats de rire bien dévergondés,.... en pleine loge, des folies dites à l'oreille, et si haut, que tout le monde peut les entendre ; et à chaque instant m'adressant au noble lord· avec ces inconvenantes apostrophes : qu'il est roué !.... l'aimable mauvais sujet !.... C'est le petit Fronsac de Londres !.... — Parfaitement cela, Célina ; ne te fatigues pas surtout, ma petite ; j'ai besoin, après demain, de ta fraîcheur pour le rôle d'une jeune personne que *le malheur, que la nécessité* forcent de vendre *son dernier bijou* aux alliés !.... Que de douleurs cuisantes tu dois donc t'apprêter à souffrir pour céder une virginité conservée si long - temps sans tache !....

Adieu, adieu, je te reparlerai de

9

tout cela. Nous quittâmes enfin cette charmante rieuse , pour aller rendre nos curieux hommages à la belle Clé-mentine - Polymnie , notre huitième muse; quoique ce ne soit pas la dernière de nos actrices et que nous ayons encore Erato à visiter, je crois vraiment que c'est, comme on dit, *le Bouquet* que je vous ai réservé ici, me dit madame L***; mais il faut absolument, monsieur C***, pour l'intérêt même de nos plaisirs , que nous reculions de quelques heures cet examen ; vous le savez, la nuit propice aux amours, à la galanterie, amène par ses ombres commodes mille événemens qui ne veulent pas souffrir la clarté d'un plein jour..... — Je suis entièrement à vos ordres , madame L***, tout ce que vous ferez sera bien , lui répondis-je. Allez donc, me dit-elle, rédiger tout

ce que vous venez de voir, et préparez le titre d'un quatrième bulletin ; ce que je fis en inscrivant d'a-
vance mon intitulé suivant, comme
une pierre d'attente.

~~~~~~~~~~~~~~~~~~~~~~~~~~~~~~~~~~

QUATRIÈME BULLETIN ANACRÉONTIQUE
DES QUATRIÈMES VINGT-QUATRE HEU-
RES PASSÉES AU N° 113.

———

SEPT heures trois quarts sonnaient
à la pendule du salon; assis ou plutôt
étendu dans une bergère, je faisais
seul des réflexions très - philosophiques sur les bizarreries, les vicissi-
tudes de la vie humaine, et surtout le
côté ridicule (je ne pouvais me le dissimuler à moi-même) de ma situation
et de mon rôle dans cette maison,
lorsque madame L***, d'un air enjoué
me tirant de ma profonde rêverie,
s'en moqua d'un ton spirituel, en me
~~~~~~~~~~~~~~~~~~~~~~~~~~~~~~~~~~

disant qu'il fallait vivre un peu pour soi dans ce monde, sans faire tant de cas de l'opinion peu indulgente d'autrui. Venez, venez, me dit-elle, d'un ton gai et mystérieux; venez contempler ma belle CLÉMENTINE-POLYMNIE dans son boudoir *couleur de rose;* c'est le moment de sa *sieste;* car il faut vous apprendre qu'ayant séjourné long-temps à Séville elle a conservé une partie des mœurs espagnoles. Nous montons le plus doucement possible; et madame L***, après avoir traversé une petite antichambre, puis, monté un escalier dérobé où je la suivis pas à pas, nous nous trouvâmes au dôme d'une petite galerie faite pour recevoir un orchestre caché, tel que cela se pratique dans maintes maisons de grands seigneurs. Nous étions au niveau d'un lustre fort

brillant, surchargé de guirlandes de
roses : ameublement, tapis de pied,
rideaux, *barcelonette*, car il y en
avait une, vases antiques, tout jusqu'à un pot de nuit de porcelaine
forme ovale, et orné au fond d'un
Amour lançant une flèche ; tout,
dis-je, était couleur de rose. La déesse
de ce bocage, Clémentine, étendue
mollement dans cette même barcelonette dont je viens de parler, y
produisait, du point de perspective
où nous étions, madame L*** et moi,
l'effet le plus délectable ; jamais coup
de théâtre à l'Opéra ne causa sur mes
sens un tel étonnement. Polymnie,
le front couronné d'un de ses bras
nus, la main au trône du Plaisir, d'un
œil mouillé des douces larmes de la
volupté, paraissait l'attendre impa-
tiemment. Une rose artificielle effeuil-

lée, près d'elle, indiquait que la *sienne*
depuis long-temps avait subi le même
sort... Par le plus léger mouvement
de la respiration , sa barcelonette
suspendue par deux grosses guirlandes de roses , se mouvait, se balançait
voluptueusement ; deux cassolettes
remplies de parfums , exalant leurs
nuages odoriférans dans toutes les
parties du boudoir, portaient l'eni-
vrement dans tous les sens , et je ne
pus cacher à madame L*** combien
l'épreuve était forte et même douloureuse. Saint Antoine , lui dis-je
à voix basse , souffrit-il jamais de pareilles tentations ?... Chut ! chut ! me
dit-elle, nous n'y sommes pas... paix !..
paix !...

En ce moment de notre silencieuse
pantomime , un léger rideau de gaze
rose se place comme par enchantement

sur les quinquets, une partie des bougies, et ne laisse plus qu'un demi-jour
d'artiste, on ne peut plus propre aux
mystères de l'amour!... Quel machi-
niste a produit ce changement à vue!
ne puis-je m'empêcher de demander
à madame L***; moi-même, et de ma
place, me répondit-elle, par un ressort qui correspond aux quinquets et
aux candélabres; mais, madame?...
chut!... chut!... paix!... paix!... Con-
damné de nouveau au silence par cette
nouvelle Médée, j'attendais si quelques griffons ailés allaient enlever
notre divine Clémentine...; mais son
sort devait être bien plus doux : cette
belle Angélique, dont le sein palpi-
tait d'impatience et des idées avant-
courrières du plaisir, vit bientôt ar-
river, accourir son médor... Quel fut
mon étonnement, ma surprise, lors-

que je reconnus dans ce médor, vêtu
comme Vestris dans le *Jugement de
Pâris*, le duc de T*** coiffé du bonnet
phrygien, revêtu d'un simple pantalon
de tricot de soie et d'une légère tunique de mousseline pailletée; il était
vraiment charmant sous ce costume;
comme Pâris il donna bientôt la
pomme à sa Vénus, et la sortant de
la barcelonette, il la porta dans ses
bras sur un lit de repos, où il se plut
à admirer ses formes et sa blancheur;
puis il la couvrit d'une gaze rose
transparente; et retardant le dernier
degré du délire, par son intérêt pour
son délire même, nous vîmes qu'il
faisait composer son bonheur à *temporiser* la défaite de Polymnie......
Mais enfin le feu des désirs étant à
son comble, le sacrifice se consomma,
et le duc même brisa tous les freins

que par un raffinement de volupté
il avait lui-même mis à ses transports...

Ne me présentez plus de scènes
pareilles, dis-je à madame L*** en
nous retirant ; je ne suis qu'un simple
mortel, et je crains qu'un tel spectacle n'ait dérangé mon cerveau : qui
aurait jamais cru que le duc de T***?...
—Très-souvent, me répondit madame
L***, il organise (et c'est souvent
lui-même) de pareilles scènes presque toutes théâtrales et qui tiennent
de la féerie ; s n imagination très-
voluptueuse ne s'enflamme que dans
des lieux qui tiennent comme de l'enchantement et du *surhumain* ; quelquefois il se confie à moi pour composer le programme de ses plaisirs
secrets, et lui ménager des surprises,
comme je l'ai fait en ce moment ; car tout

ce que vous avez vu ce soir est de mon invention : dans d'autres occasions il arrange lui-même la partie , sans in-former l'une de mes neuf muses, qui doit le seconder, de tout ce qui doit se passer; de sorte qu'il jouit alors de l'étonnement qu'il cause.

Fatiguée comme je l'étais des émo-tions violentes que j'avais essuyées, je me retirai dans mon appartement, et ce ne fut que le lendemain soir que je m'occupai du bulletin suivant.

CINQUIEME ET DERNIER BULLETIN ANA-
CRÉONTIQUE DES CINQUIÈMES VINGT-
QUATRE HEURES PASSÉES AU N° 113.

C'EST à la spirituelle FLORE-ERATO,
notre neuvième et dernière muse,
que nous devons aujourd'hui nos premiers soins, me dit madame L***,
après m'avoir fait prendre le café
dans son salon : suivez-moi, et préparez vos esprits à voir une bibliothè-
que vivante ; car Erato, ou plutôt
FLORE-SAPHO (c'est ainsi qu'elle se
nomme), a la mémoire ornée de toutes
sortes de poésies lyriques tant ancien-
nes que modernes ; c'est à chaque phrase
un déluge de citations, et elle ne va

La Galanterie

pas manquer de vous réciter dans sa conversation *tout l'Art d'aimer* de Gentil Bernard. Nous entrons bientôt dans un boudoir orné de tentures et de meubles couleur *terre d'Egypte*, et chamarré en lettres d'or des passages les plus marquans de Piron, de Chaulieu et de Colardeau.

Vous me contrariez, me dit Flore, en nous récitant un conte fort joli en vers ; vous venez à contre-temps, et je me vois forcée de vous prier d'abréger votre visite, car j'attends un auteur qui doit venir à l'instant même composer avec moi un quatrain sur la Volupté. Si cependant vous tenez à être témoins de la facilité et du talent de mon poète, cachez-vous dans ce cabinet. Nous ne dissimulâmes pas notre curiosité ; et, placés tous deux dans la petite retraite qu'elle nous avait indiquée , nous attendîmes la scène.

Le faiseur d'*impromptus* entra bientôt ; et , saluant en vers alexandrins notre neuvième muse, ils se mirent à travailler au rhythme , à compter des pieds, à scander des hémistiches ; bientôt un autre délire succédant à celui de la poésie, nous les vîmes s'abandonner aux plus fougueux transports de leur verve ; mais ce n'était plus une plume à la main que notre jeune poète exprimait son extase sur la volupté ; il en donnait à Zélie la plus douce leçon-pratique : voyant que les choses prenaient un caractère dangereux et contagieux pour les sens d'un spectateur encore ému comme je l'étais par les scènes de la veille, je me sauvai malgré toutes les prières de madame L.***

qui voulait absolument que j'admirasse la facilité de FLORE-ÉRATO , qui, dans la fécondité de son cerveau poétique, était déjà *à son troisième sonnet* sur le Plaisir.

Toutes nos courses dans toutes les parties du temple de l'Immortalité, c'est-à-dire de nos neuf muses de la rue du Lycée, étant terminées , et ayant connu et examiné toutes les hautes et puissantes *princesses* de ce palais, il ne me restait donc plus à voir que la troupe ordinaire et ce qu'on appelle vulgairement *le fretin.*

Un vaste et magnifique DORTOIR recevait la nombreuse compagnie que nous diviserons en trois classes , et par couleurs, telle qu'elle s'est présentée à mes yeux.

Le nom de la couleur *aurore* était donné aux jeunes filles de quinze à dix-sept ans ; celui de la couleur *ponceau* à celles de dix-sept à vingt ; et enfin la désignation de la couleur *sein qui palpite* aux femmes de vingt à vingt-six ans. Une dame surveillante et grande dignitaire commandait et présidait à cette belle réunion. Lorsque nous entrâmes elles étaient presque tout occupées à leur toilette de propreté ; quantité de petits meubles, que les dames appellent ordinairement *bidets* , annonçaient assez à leurs eaux parfumées , à de grosses éponges encore flottantes , l'usage *appétissant* qu'on venait d'en faire : quelques coiffeurs élégans, arrangeant les cheveux de nos héroïnes dans une salle contiguë du dortoir , tout en préparant les papillottes destinées aux rôles *du soir*, ne laissaient pas de faire leurs propres affaires ,

en se payant, par de voluptueux lar-
cins ou plutôt sur des charmes commodément prodigués, du coup de
peigne élégant qu'ils donnaient en
artistes à nos nymphes. Ce tableau
me parut si piquant, que je résolus
d'en composer la gravure qui est en
regard de cette *importante histoire*.

Madame L*** me seconda en cela
de toute son approbation. Je n'avais
pas songé, réfléchit-elle, à la gravure, j'admire votre prévoyance,
M. C***; une œuvre galante, érotique,
sans *image*, serait une femme sans
toilette, un mélodrame sans beffroi,
sans la cloche du château. . . . .

Une de ces nymphes s'avançant à
moi : Oui, monsieur C***, me dit-
elle, d'un ton spirituel et enjoué,
« *nous nous levons, et nous nous*

» *couchons pour le seul dieu du Plai-*
» *sir.* . . . . »

Cette apostrophe philosophique,
me dis-je, mérite les honneurs de la
légende, et ce sera celle de notre
galant in-18. La nuit venue, les toilettes *de parade et de métier* com-
mencèrent ; tous les comestiques les
plus renommés, le lait virginal, la
céruse, le rouge, la pommade de
Constantinople furent prodigués sur
des figures jolies sans doute, mais
qui avaient besoin d'un peu d'art et
d'enluminure pour soutenir, sans
désavantage et sans en être écrasées,
l'éclat des lumières. *On descendit*
enfin dans les galeries à sept heures
et demie, pour y tendre toutes les
embûches inimaginables, soit par de
lascives œillades, soit par les propos

les plus caressans , ou bien par les
attouchemens les moins équivoques..... Venez avec moi dans cette
salle basse , me dit madame L***,
je veux vous y faire voir comment
Aglaé fait *monter* un homme; lorque
vous aurez connu le mécanisme de
mes rouages les plus ordinaires, nous
passerons ensuite à mes femmes *comme il faut.*

J'aperçus et j'entendis bientôt Aglaé,
qui ayant fait une excellente recrue
(c'était un joueur en fonds) , d'un
ton mignard et radouci , recomman-
dait à sa dupe de « *bien prendre garde
à l'escalier* , *au pas* ; elle cria *à la
bonne d'éclairer* »; et le résultat d'une
si bonne fortune pour elle, fut trois
à quatre louis qu'elle recueillit de
ses complaisances purement manuel-
les. Prête à combattre *corps à corps* ,

elle avait cependant offert à notre chevalier d'industrie une *cuirasse luisante ;* mais on la refusa, voulant se borner à d'aimables préludes..... »

C'est assez d'Aglaé, me dit madame L * * * ; allons voir comment se conduira Rosalie - Psyché qui vient de faire une sortie sur le café du Caveau ; c'est une charmante folle qui, comme je vous l'ai déjà dit, se plaît plus dans la liberté que dans *la pompe et le faste* de sa cour....... Rosalie, suivie d'un gros milord fort cossu, et l'un et l'autre précédés d'un laquais portant un flambeau, se diri-geaient vers *le parloir;* c'est ainsi que madame L*** nommait un petit bou-doir commun à toutes les femmes pour une simple passade ; une lucarne, masquée d'un taffetas vert, nous per-mit de voir toute la scène.

Notre milord, extrêmement puissant, s'étendit sur un canapé, et
après avoir soufflé quelques minutes,
recommanda à Rosalie, en un français fort plaisamment écorché , de
prendre le bain de propreté ; c'est en
vain que Rosalie, fraîche comme
Hébé, s'efforça de lui faire entendre ,
que sa bouche, ses dents et tous ses
attraits les plus cachés étaient vingt
fois par jour embaumés des plus sua-
ves odeurs... , notre singulier insulaire
n'en tint pas compte , et bon gré
malgré il fallut que notre belle nymphe, à cheval sur un bassin ovale en
vermeil, le rendit témoin oculaire de
la libation ; il exigea même qu'elle la
réitérât à plusieurs reprises ; Rosalie,
ennuyée, fatiguée, n'en faisait plus
que le simulacre. Enfin, à quoi abou-
tirent tant de préparatifs !.... On

s'attend peut-être à voir notre voluptueux faire des prouesses, *pa pillonner*,
puis se fixer sur la fleur de notre Hébé,
après l'avoir vue baignée de tant de ro-
sées odorantes... Point du tout :—d'un
ton flegmatique il ordonne impérati-
vement, « *qu'on le coiffe et qu'on le
décoiffe , et vice versâ* .... » Etait-
ce la peine d'employer un déluge
d'eau pour cette équipée jésuitique?...
Un rouleau de cinquante guinées
consola bientôt notre jolie *baigneuse*
des mépris qu'avaient essuyés ses appas noyés d'eau de lavande.

Vous devez être fatigué , monsieur C***, de la constance d'un es-
pionnage aussi dangereux pour les
sens d'un spectateur ; remettons donc
à demain nos nouvelles vacations ;
et si vous faites bien , me dit-elle ,
au lieu de les continuer sous le titre

de BULLETINS ANACRÉONTIQUES, en marquant la série des jours , nous les qualifierons successivement de FAITS HISTORIQUES. Comme ce ne peuvent être maintenant que des morceaux *d'histoires* détachés et sans suite , la rédaction vous en sera beaucoup plus facile, et il vous suffira de tirer un filet sous chaque scène , chaque épisode galant dont je vous rendrai témoin. J'applaudis à la nouvelle forme que voulait donner madame L*** à nos *procès-verbaux galans*, et je mis de suite pour intitulé des objets que j'aurais à rédiger le lendemain sur mon registre velours lilas ;

FAITS HISTORIQUES.

Quelle variété infinie dans les scènes mobiles, dans le tableau mou-
vant que j'avais chaque soirée et une
grande partie de la nuit, devant
moi!.....C'est ici que les *faits historiques* se pressent en foule dans mon
souvenir. Commençons par un trait
fort original, et éveillons l'avide curiosité de nos lecteurs.

Un soir (il pouvait être onze heures
et demie), j'avais assisté à un thé
charmant que madame L *** avait
donné en mon honneur à son sérail
de la bonne compagnie, composé en
grande partie des neuf muses dont
j'ai esquissé les portraits et les carac-

téres ; j'y avais joui de tout ce que les arts ont de plus délicieux , sous le rapport des talens d'agrémens et sous celui du bon ton : cette soirée ne laissait absolument rien à désirer ; plusieurs officiers et personnages de haute distinction y avaient assisté ; on s'était tacitement uni ; chaque couple aussitôt formé par les convenances, sous les auspices d'un simple premier coup d'œil et également du caprice , avait disparu pour mettre le comble à leurs plaisirs , et *nos Muses* ayant un *Apollon* de leur choix , allaient consacrer le reste de la nuit à manier *la lyre* de leur demi-dieu : quant à moi , chaste comme Joseph , je croyais ma journée close et me préparais à me retirer dans mon appartement lorsque madame L*** me dit d'un ton enjoué : Ce n'est pas tout ; je vous ai ménagé la plus piquante des comédies : venez, venez..... —Célina, la plus *manégée* de mes femmes, a trouvé au théâtre des Variétés un contre-amiral qui naturellement ne rêve que mers et vaisseaux. Amené au boudoir *bleu-céleste* qui appartient à Sophie, comme vous vous en rappellerez facilement, il nous sera facile de tout voir au moyen de cette glace sans teint légèrement masquée par une tenture de taffetas. Allons, madame, je suis à vos ordres.... « Célina, moins cruelle que sa vertueuse patrone le fut avec son héros, était déjà telle que Cypris sortit sur une conque du fond des eaux et demandait plaisamment à son marin s'il voulait *du calme* ou *de la tempête*.... »

Notre Jean Bart préféra le danger.
Oui, de la tempête!.... s'écria-t-il,
sans trop comprendre ce qu'on lui
proposait. Aussitôt Célina, après
l'avoir engagé *à monter* sur sa jolie
frégate, bonne voilière et louvoyant
parfaitement sur son grand mât, lui
fit bientôt éprouver *le roulis* et les
bourrasques les plus brusques....;
bref, nous le vîmes démâté, cherchant au milieu de cette bizarre tempête un nouveau port contre son
naufrage; il aborde enfin; mais dans
la confusion, les saccades et les tour-
mentes d'un tel ouragan, il se trompe
de rade et entre au port voisin; Célina de se récrier : Que voulez-vous,
madame ?.... répondit le contre-
amiral; dans un pareil danger, *le
pilote aborde où il peut.*

Nous nous bornâmes, madame
L*** et moi, à cette folie et remîmes
au jour suivant le plaisir d'une nouvelle découverte.

J'AI *une commande* fort avanta-
geuse, me dit le lendemain à dîner
madame L***; un riche négociant
me demande une jolie bourgeoise de
la rue Saint-Honoré; il me l'a désignée, elle est vraiment charmante;
le plus plaisant de l'histoire, c'est
qu'il se figure que c'est une vertu
presque invincible, tandis qu'elle fait
fréquemment des *passes* et des *parties* chez moi. Il a donc payé en con-
séquence, pour que je puisse parvenir
à séduire cette prétendue Lucrèce qui
d'ailleurs se donne à un taux fort rai-
sonnable. Comment se fait-il, deman-
dai-je à madame L***, qu'une bonne
bourgeoise, bien établie, se prostitue

par un vil intérêt?... Les maris, me disent-elles toutes, répartit madame L***, ne satisfont pas à leur toilette; on ne veut pas être mises *à faire peur*...; voilà leur grande apologie: au surplus, continua madame L***, l'affront qu'on ignore est-il un affront?.... Mais laissons toute discussion morale, c'est dans une heure que je dois réunir par les liens du plaisir nos deux inconnus. Vous ne voulez pas négliger une si belle occasion, me dit-elle, de voir comment se comporte la bonne bourgeoisie en matière de galanterie?... Non, sans doute, répondis-je, la postérité et mon ouvrage en ce moment y perdraient trop; hé bien, donnez-moi la main, je vais vous conduire: nous avançâmes à petits pas; tenez-vous là, me dit-elle, en me cachant dans une garde-robe sous quantité de jupes de linon et de taffetas ; ne bougez pas ; personne ne vous soupçonnera ici...-J'attendis une grande demi-heure ; puis entendant un bruit léger ; voilà mon monde, pensai-je : attention. Madame de G***, en effet, entra ; je la reconnus aussitôt et ne pouvais revenir de mon étonnement, elle qui jouissait même d'une réputation de prude ; l'affaire va à merveille, lui dit madame L*** qui l'avait introduite, ayant un petit bougeoir à la main : Pour dieu ! dit notre héroïne bourgeoise, n'allez pas me commettre avec un homme dangereux ; j'en réponds corps pour corps, reprit madame L*** en la rassurant ; c'est un homme aussi aimable que généreux ; et voici, lui dit-elle, des arrhes de son amour pour vous, met-

tant alors sur un guéridon une certaine
quantité de pièces d'or... En ce moment
on entendit la marche de quelqu'un ;
c'est lui, répliqua madame L***, je
vous laisse : je vais souffler la lumière, répartit notre coquette, je
ne pourrais à présent avoir le cou-
rage de supporter les regards d'un
étranger qui va de suite.... : comme
il vous plaira, lui dit madame L***,
et elle sortit. Au même moment com-
mença un autre dialogue bien plus
intéressant encore; ma proximité de
l'alcove me permit de tout entendre.
— Hé bien, belle dame, où êtes-
vous? je marche à tâtons, je vous
cherche partout, je brûle de me jeter à vos pieds, disait une voix
d'homme très-animée; quel enfantillage d'avoir soufflé la lumière !...
Voilà de ces réserves charmantes,

il est vrai ; mais quand on est si jolie, pourquoi se dérober aux regards d'un amant ivre en ce moment de son bonheur ?...

Notre héros alors avait joint la beauté invisible, et ce *Colin-Maillard* transporté, voulant de suite mettre à profit l'obscurité que notre belle avait répandue partout en éteignant les bougies, l'entraînait mollement vers le pied de l'alcove... —Délicat dans sa passion, il voulut épargner à la pudeur de sa conquête d'être vaincue à la clarté des lumières, et partageant à cet égard sa pruderie enfantine, il combla son bonheur et le *recombla* encore enivré de sa bonne fortune. Les baisers les plus ardens, l'enthousiasme le plus extravagant sur la finesse de la carnation de son amie signalaient

chacun de ses transports ; à chaque
moment, à chaque étreinte, il s'ex-
tasiait sur la *fermeté* de ses appas,
la suavité de ses formes, sur son haleine embaumée ; c'était à ses yeux
une Vénus qu'il pressait dans ses
bras : combien je serais heureux, s'é-
criait-il souvent d'une voix basse, entrecoupée de soupirs et de baisers,
si ma femme avait la centième partie
de ces perfections !..... Notre bourgeoise naturellement un peu timide,
parlait fort peu ou plutôt ne faisait
que balbutier les monosyllabes de
l'amour vaincu...

L'homme est insatiable dans ses
désirs..... ; un sens est-il satisfait,
vingt autres passions viennent nous
assiéger de leurs aiguillons secrets et
nouveaux ; plaise à Dieu, pour la félicité des deux amans qui jouissaient

l'un et l'autre dans l'ombre de la plus douce erreur, qu'ils n'en fussent jamais sortis !... Mais notre négociant, impatient de voir aux lumières l'objet charmant qu'il ne connaissait encore que par le sens du toucher, sonne ; une domestique apporte une bougie ; aussitôt il s'en empare et court vers l'alcove pour y admirer le charmant minois qui lui a prodigué tant de délices... Il croit d'ailleurs la connaître déjà ; il l'a fait séduire par madame L***. C'est en vain que notre belle minaudière cherche à cacher son visage dans ses mains ; il les baise, il s'en empare.... Mais, ô curiosité funeste !!... il reconnaît bientôt les traits de sa propre femme, il ne peut plus en douter ; ses illusions s'évanouissent comme un songe malfaisant... C'est elle !

c'est elle!...... Il n'a donc joui que d'une prostituée, et ce n'est que par un simple concours d'heureux hasards que son épouse criminelle n'était pas dans les bras d'un autre, au lieu de livrer aux siens sa possession vénale...

Madame de G***, évanouie, aurait succombé aux effets inattendus d'un si cruel contre-temps, si madame L***, accourue au bruit des exclamations de l'infortuné mari qui ne pouvait revenir de son indignation, ne s'était opposée à ses emportemens;..... car, armé d'une canne à épée, il voulait en percer son adultère moitié : c'est en vain que madame L*** lui faisait sentir avec force et éloquence qu'ils avaient joui dans les bras l'un de l'autre des plus douces illusions, que mille ma-

ris voudraient être chaque nuit trompés de même ; notre délicat et scrupuleux négociant opposait à ce so-
phisme séducteur, qu'il ne devait
cette fois qu'au hasard la conser-
vation de son honneur, et qu'il avait
trop lieu de présumer que la vie
passée de sa coupable femme ne jus-
tifiait que trop ses ressentimens ; lui-
même avouait qu'il avait beaucoup
de reproches à se faire, mais s'auto-
risant à cet égard des droits reconnus de notre sexe, il palliait en lui
une faiblesse qu'il trouvait impar-
donnable dans une épouse.

Madame L*** parvint cependant à
le calmer, même à le réconcilier avec
sa chère moitié, en lui représentant
qu'il ne pourrait que s'attirer de nouveaux chagrins en ébruitant un événement unique par la bizarrerie de

ses circonstances; le public malin ne tarderait pas à s'en emparer, ajouta-t-elle, et il centuplerait lui-même sa douleur par le scandale que son indiscrétion causerait.

Madame L*** rejeta donc tout l'odieux de cette rencontre si douloureuse sur la méprise d'un de ses *agens* du second ordre, qui porta le caducée chez madame G*** au lieu de se rendre chez sa voisine désignée par madame L***; la quantité de femmes honnêtes qui font *une passe* était cause de toute cette algarade; elle termina par leur renouveler ses vives instances, et cela pour leur propre réputation, de renfermer entre eux trois ce fatal secret.

On se rendit à de si pressantes raisons; et nos deux époux, comme mortellement affligés de s'être ca-

ressés si délicieusement, chose qu'ils
n'avaient certainement pas faite depuis bien long-temps retournèrent
au logis, emportant au fond de l'âme
mille regrets cuisans de s'être dé-
couverts l'un à l'autre, l'époux pour
un libertin, elle pour une femme
perdue, qui avait brisé pour toujours le seul nœud solide en mariage, celui d'une estime mutuelle.

Je vais souvent chez Brunet, y rire aux *farces de Potier*, dis-je à madame L*** en sortant de ma cachette; mais jamais je n'y ai vu parade plus singulière, plus originale, que celle dont vous venez de me rendre témoin. Tous les jours, me dit-elle, ma maison devient le théâtre de quelque bouffonnerie. A demain, ajouta t-elle; il se fait tard : préparez votre manuscrit à recueillir la relation de quelque nouvel effet d'optique de ma lanterne magique. Je suivis son conseil, et le lendemain, de bonne heure, c'est-à-dire sur les onze heures, midi, je me préparai à recevoir *les dépositions* de ses femmes, qu'elle appelait ses *panoramistes*, c'est-à-dire de celles qui ar-

pentent de bas en haut tous les pano-
ramas, principalement celui du boulevard Montmartre.

Hé bien, parle, dit madame L***
à *Fifi-Niniche* , s'adressant à une
jeune et assez jolie fille de dix-sept à
dix-huit ans; qu'as-tu fait de bon
hier ?..... Madame, répondit respectueusement *Fifi - Niniche*, *j'ai fait
deux alliés Englisch* : c'était, comme
vous le savez, la revue de l'armée
russe; je les ai donc priés de m'y
mener dans leur calèche qui se trouvait à deux pas du panorama sur le
boulevard ; ils firent quelques diffi-
cultés, et je vis bien, poursuivit-elle,
que ma toilette de *grisette* les contra-
riait et qu'ils ne voulaient pas *s'affi-
cher*, suivant l'expression de l'un
d'eux qui parlait très-bon français ; à
cela je leur répondis aussitôt, que dans

un petit quart d'heure je pouvais être
à eux sous l'habit d'un autre personnage ; que j'aurais , s'ils le voulaient,
une femme de chambre avec une jolie
enfant près de moi , et que sous cette
apparence je passerais aux yeux du
public, à la revue, pour leur hôtesse
à laquelle ils auraient voulu faire la
galanterie d'une promenade dans leur
calêche. Emerveillés tous deux de
ma singulière proposition, ils eurent
l'air de se demander, par leur silence,
si pareille métamorphose était bien
possible, et si Paris ne contenait dans
les femmes galantes que des *camé-*
léons, que des Protées, prêtes à chaque instant à prendre, à l'appas de
l'or, toutes les formes que le caprice
ou les circonstances exigeaient. Je
les en assurais de nouveau, continua
Fifi - Niniche, et sur leur parole

d'honneur qu'ils m'attendraient au café des Variétés, je vins de suite au numéro 113, dans un cabriolet. J'envoyai chercher chez nos *loueuses d'usage* une jolie enfant habillée richement, moitié à l'anglaise et moitié à la française. Pendant ce temps, je me mis à peu près comme une riche *parvenue du jour*, en recommandant à Adèle de venir avec moi en femme de chambre de bonne maison; et tous trois sous cet accoutrement nous nous acheminâmes, dans un noble *remise* sans numéro, vers le rendez-vous. Le changement opéré en moi parut si grand à nos deux nobles insulaires, qu'ils me saluèrent d'abord avec des témoignages réitérés de respect et de la plus haute considération. Ce ne fut qu'au son de ma voix qu'ils sortirent de leur comique erreur.

Nous voilà emportés aussitôt dans un équipage on ne peut plus brillant, vers la ligne des troupes, recevant sur toute la route des coups de chapeau, des *baise - mains* de la part d'une quantité de personnages d'une grande distinction de toutes les nations, et même de beaucoup de *miladys* empressées de prodiguer mille caresses à ma jolie enfant. Vous pouvez bien penser, madame, observa *Fifi - Niniche*, que possédant tout mon sang froid je soutins à la fois mon rôle et la réputation de la maison. Mes *michés* n'en revenaient pas, et long-temps conservèrent sur leur physionomie ébahie cet air d'étonnement et de surprise que leur causait un déguisement si parfait. Nous dinâmes chez Véry. La D***, de la rue des Colonnes, me prêta pour 80 fr. son appartement : là une *femme de chambre*, la mienne, au niveau de sa maîtresse, y jouit des droits d'une parfaite égalité dans les bras de son milord ; moi-même, ajouta-t-elle, artisan et ordonnateur de la partie, reçus du mien des preuves de tendresse bien sensibles, puisqu'il me fit présent d'un rouleau de trente guinées ; plus, une bonbonnière très-belle, enrichie de perles fines, pour *ma petite fille*, qu'il tint sur ses genoux presque tout le temps du dîner, et à qui il donna souvent le fouet *à nu* en manières de caresses.

Nous nous séparâmes donc hier soir à une heure du matin, après avoir été voir la *Pie voleuse* en loge grillée, ou *rôtie*, suivant l'expression de nos Anglais, et avoir pris des glaces chez Tortoni. Nos deux partenaires, continua Fifi-Niniche en terminant son récit, n'ont pas manqué de noter avec un crayon sur leurs tablettes, comme M. C***, qui m'écoute, le fait maintenant sur les siennes, leur aventure, qu'ils disent *unique;* mais à leur air d'admiration, Fifi-Niniche les avait de nouveau assurés que s'ils voulaient, le jour suivant, voir en elles des Anglaises nouvellement débarquées du Havre, ou bien des demoiselles de bons bourgeois *endimanchées*, il ne tenait qu'à eux. Le vestiaire de madame L***, et surtout leur art souple et docile, renfermait toutes les classes de la société.

Je ne pus m'empêcher, pendant tout le temps que dura cette bouffonne narration, de rire souvent aux éclats, des ruses de nos coquines, et d'admirer à la fois la souplesse de

leur talent, qui savait se plier à toutes
les formes. Chaque calêche, chaque
voiture élégante que je verrai le jour
d'une revue, me dis-je aussitôt, me
fera naître des soupçons; une Fifi-
Niniche est là-dessous, m'écrierai-je.
Nous congédiâmes notre fine rouée,
en payant un tribut d'éloges à tant
d'esprit et à un manége aussi habile.
Madame L*** la récompensa large-
ment, en lui recommandant de ne pas
manquer de faire ce soir-là même
une jeune héritière au boulevard de
Coblentz. Je me fis expliquer ce que
pouvait être que de *singer une jeune
héritière;* madame L*** m'interrompit : « Rien de plus facile; une *maman*
de quarante à quarante - cinq ans,
encore belle et offrant de beaux res-
tes, a quitté sa province, ses châ-
teaux que les troupes alliées occu-

pent, que les corps francs inquiètent;
elle vient donc se réfugier avec sa
fille à son hôtel rue du Mont-Blanc,
chaussée d'Antin, en attendant que
les affaires s'arrangent; un général
russe assis près d'elle, au boulevard
de Coblentz, s'amourache de sa fille,
lui lance des œillades significatives;
on y répond, quoique timidement:
je suis avertie aussitôt par un exprès;
j'envoie, continua madame L***, le
remise de la maison; ces dames se
disposent à quitter leurs chaises, après
avoir noué une conversation de pure
bienséance et de voisinage avec notre général russe; celui-ci, désespéré
d'être obligé de quitter si brusquement une conquête commencée sous
de si favorables auspices, présente la
main; mais au même moment le co-
cher qui a mes instructions, dit tout

La Galanterie,

haut « que *certaine partie de sa voiture*
» *est cassée et qu'il serait dangereux*
» *d'y monter.....* » Quelle bonne fortune pour notre général, qui avec
ardeur, avec joie de cet heureux contre - temps, offre la sienne ! Il té-
moigne en route le désir que nos
dames veulent bien consentir à connaître son hôtel qu'il a loué à l'année
rue des Trois Frères. On se rend enfin,
malgré les convenances un peu bles-
sées. Le reste de la comédie est facile à
deviner, M. C***. Comment, avec votre
sagacité, vous n'y êtes pas encore ?....
Nos deux aimables fourbes femelles
se séparent sans affectation dans les
appartemens du général russe dont
elles admirent les tableaux ; il les destine, leur dit-il, pour orner son palais de Moscou , ville presque entièrement restaurée par l'effet des ordres du

grand Alexandre ; cependant il serait au comble du bonheur de pouvoir faire accepter à la belle Laure (c'est ainsi que s'est nommée la jeune première) un tableau qui représente une Diane. Notre *mère noble*, comme je l'ai déjà dit, est absente par adresse. Quelle félicité! ajoute notre héros moscovite en s'adressant à Laure, se servant alors d'une galanterie et d'une expression mythologiques, si vous, charmante Diane, vous consentiez qu'un jour je devinsse votre heureux Endymion!... — Ici notre nouvelle Diane rougit ou du moins on le feignit. On a l'air de redouter la venue d'une mère courroucée qui, comme vous pouvez bien le penser, plutôt commode surveillante, qu'*Argus* des faiblesses de *sa fille*, se tient judicieusement éloignée d'elle. Le général

devient entreprenant; il ose assurer
son bonheur, en chargeant secrète-
ment un valet de chambre intelligent
de fermer certaine porte et de faire
sentinelle. On approche, toujours
admirant la galerie des tableaux, en
couvrant une main, une bouche docile, de baisers enflammés, d'un boudoir dangereux à la vertu, favorable
aux chutes, aux heureuses brusque-
ries...—Un canapé est là...—L'amour,
les sens l'emportent; et notre Diane
et notre Endymion s'ensevelissent
dans une nuit de délices au sein du
plus voluptueux *impromptu* pour notre général russe. On se rajuste bientôt; on prend un maintien; on cherche
à effacer les traces encore brûlantes
du plaisir, sous les airs de l'hypocrisie, sous une tenue générale. *Oh ! ma
mère ! ma mère !* dit souvent Laure

d'une voix basse, entrecoupée de san-
glots imités, *si tu savais !..... Mal-
heureuse Laure , qu'as-tu fait ?.....*
Notre généreux étranger la console,
tout radieux de la possession de tant
de charmes qu'il ne se flattait de con-
quérir jamais qu'au prix d'un cours
de galanterie fort coûteux , fort épi-
neux et fort long. Ici , continua madame L***, notre mère postiche se
représente sans affectation et au moment où nos deux amans feignent de
continuer d'admirer le salon des pein-
tures. Cependant son front se couvre
d'un air sévère; *sa fille* tremble et
indique sa frayeur à son Endymion
en le poussant du coude....—C'est ici
que notre général, poursuivit madame L***. sent la nécessité de faire
sa cour à la mère; il devient donc
tout soins, toute prévenance auprès

d'elle ; celle-ci, prenant bientôt un air plus doux et comme détrompée sur ses premiers soupçons (malgré que Laure lui ait fait entendre par un signe d'argot *que la farce était jouée*), ouvre un entretien général avec notre étranger ; on en vient à un ton expansif, à des confidences délicates, celles de l'intérêt ; on est *une riche malaisée ;* on ne reçoit rien de ses fermiers ; on voudrait enfin (le grand mot est lâché à travers mille réticences, mille pénibles scrupules) soixante à quatre-vingts louis pour parer à des dettes criardes : un coup d'œil passionné de la belle Laure vient ici seconder les dispositions naturellement grandes et généreuses de notre officier russe ; il se pique de largesse ; il passe adroitement à son secrétaire, et dans la gibecière de velours blanc brodé

*

lis en or de notre astucieuse intri-
gante il glisse délicatement deux rou-
leaux de cinquante louis chacun.
Vous pouvez bien vous imaginer,
M. C***, que dans ce passage le plus
important de leur histoire, ce point
uniquement essentiel et le seul but
de tout leur manége, nos deux équivoques vertus se récrient ; mais le gé-
n ral insiste avec tant de grâce, de
noblesse, que ce serait, dit-il lui-
même, lui faire injure, le désobliger
au dernier point que de refuser. On
se sépare ; des pressions de mains,
des baisers bien appliqués, bien
chauds de la part de notre *chaste
Diane*, des transports furtifs et con-
traints de la part de notre *grand séducteur*, qui craint à chaque instant
de voir se retourner *une mère fu-
rieuse* dont le jeu étudié ne fait au

contraire que favoriser l'allure calcu-
lée de *sa fille*, termine cette scène de
ruses et de friponeries galantes. Nos
dames ont fini par consentir à donner
leur adresse, et notre général ne man-
quera pas de paraître plus amoureux
que jamais à la seconde entrevue.
Pour fasciner davantage ses yeux,
augmenter son erreur et ses illusions,
je donne mes instructions et mes ordres à un agent d'une de nos succursales dont on va transformer aussitôt
le premier étage en un appartement
occupé par nos deux grandes proprié-
taires *réfugiées rue du Mont-Blanc,*
à cause des tristes circonstances de la
guerre.

Comment! me suis-je écrié aussitôt, la plume me tombant des mains;
tout n'est donc que prestiges, qu'il-

lusions dans Paris!! C'est ainsi, répartit madame L***, de temps immé-
morial; le fond est toujours à peu près
le même : ce ne sont que les détails
et les accessoires d'à-propos qui se
modifient à l'infini. Le récit de *Fifi-
Niniche* étant entièrement terminé,
ainsi que l'histoire du général russe,
et moi-même étant fatigué d'un em-
ploi assez pénible, inquiet d'ailleurs
de ce qui pouvait se passer dans ma
maison, dans ma famille, dans mes
propres affaires domestiques, je demandai la permission à madame L***
en lui témoignant toutefois ma vive
gratitude de la manière distinguée
dont elle m'avait traité, de clorre ici
nos bulletins anacréontiques. Vous
m'engagerez donc votre parole d'honneur, me dit-elle avec vivacité, de

livrer à l'impression ce journal galant et de lui donner la plus grande publicité, pour nous venger des injurieux outrages que nous avons reçus, et de suivre fidèlement en tous points les clauses du petit traité que nous avons passé ensemble dans le commencement de l'*Apologie de la description du premier sérail de la capitale*, qui est incontestablement le mien... —Je le lui promis, l'assurant en outre que si le public impartial daignait accueillir cette PREMIÈRE PARTIE DE LA GALANTERIE SOUS LA SAUVE-GARDE DES LOIS, je reviendrais bientôt moi-même et de mon propre mouvement pour moissonner dans cette galante institution une ample récolte de nouvelles aventures et de nouveaux moyens de justification.

Madame L*** voulut solenniser notre séparation et nos adieux par un repas splendide auquel assistèrent les *neuf muses* et une partie des *panoramistes*, comme de celles qui fournissent des *postes* et des *patrouilles* aux boulevards de Gand et de Coblentz. On y porta de nombreux et fréquens *toasts* à la santé des nymphes du palais Royal, au génie créateur et inventeur de madame L***, à la déesse de la Volupté, plus souvent encore au dieu Plutus, et enfin à moi-même qui allais venger toutes ces héroïnes du plaisir par la promulgation de mes rapports. Sous ma serviette je trouvai une jolie tabatière dont la peinture représentait Danaé délirant sous les baisers de Jupiter qui l'étreint sous la forme d'une pluie d'or. Je sentis l'allusion qui s'applique parfaitement à nos nymphes ; et sans les accuser d'avarice et d'être étrangères à tout sentiment, je me plus à les voir convenir elles-mêmes, dans l'allégorie de ce présent collectif qu'elles me faisaient au nom de toute la société, que le *veau d'or* était en grande partie pour elles l'idole qu'il a toujours été pour maintes *girouettes* de ce siècle. Je leur témoignai ma vive reconnaissance pour ce cadeau, par l'énergique expression d'un *toast* sentimental porté A LEUR BEAUTÉ, A LEUR AMABILITÉ, en les priant de me laisser prendre *respectueusement* sur les joues de chacune d'elles un baiser vraiment *bourgeois* ; et je me retirai enfin après avoir reçu mille et mille politesses de madame L*** et de sa charmante famille.

C'est ainsi que se termina ce festin qui ressemblait à la cour de Vénus réunie dans le temple d'Idalie.

FIN.